김주형의 인생경영

수호천사엔젤 CEO 김주형의 인생과 사업 이야기

김주형의 인생경영

김주형 지음

모아북스
MOABOOKS

가까이 지낸 지 10년이 넘는 오랜 지기다. 그는 예나 지금이나 사람을 대하는 태도가 한결같다. 또 아무리 사소한 일이라도 대충 넘기는 법이 없다. 자기한테는 사소한 일일지 모르지만 다른 사람한테는 정말 중요한 일일 수도 있기 때문이라는 것이다. 이런 태도는 일반인에게도 좋은 덕목이지만, 기업을 경영하는 사람에게는 더욱 필요하다. 특히 정치인이라면 반드시 가져야 하는 마음가짐이다. 이 책에는 김 대표의 이런 마음과 안목이 고스란히 담겨 있다. 좋은 책이다. 숙독을 권한다.

김진표 국회의원

누가 자기 생을, 또 사업가로서 지나온 길을 이다지도 인상적으로 간명하게 그려낼 수 있을까. 파노라마로 넘어가는 장면 하나하나마다 김주형 대표의 인생샷이라는 느낌을 받았다. 내가 알고 지내온 김 대표도 책

에 나온 대로 그런 사람이다. 솔선수범하고, 책임감 강하고, 한번 시작한 일은 기어이 끝을 보고야 마는 집념을 품은 사람이다. 책 후반부를 보면 김 대표의 정치에 대한 뛰어난 식견과 더불어 그가 얼마나 수원을 사랑하는 기업인인지 알 수 있다.

김영진 국회의원

평소에도 기업인으로서 앞날이 기대되었고, 김 대표 같은 사람이 정치 일선에 나선다면 참 좋은 정치를 하겠구나, 하는 기대가 있었다. 한 번 도전했다가 실패했지만, 그의 정치적 역량이 머잖아 기회를 얻어 활짝 꽃피리라는 걸 믿는다. 이 책을 보니 더욱 그런 확신이 선다.

김승원 국회의원

오래전부터 지역 정치활동을 활발하게 해온 저자는 어느 자리에 가서 보든 이웃과 주민을 위한 그의 열정, 봉사와 헌신은 그의 우뚝한 키만큼이나 높아 보였다. 그런 그가 이번에 첫 책을 낸다니 반갑다. 그 가운데 "세상에는 일곱 가지 죄가 있다. 노력 없는 부, 양심 없는 쾌락, 인격 없는 지식, 도덕성 없는 상업, 인성 없는 과학, 희생 없는 기도, 원칙 없는 정치가 그것"이라는 간디의 '세상 7죄' 소개는 특히 인상 깊었다. 그 7죄 가운데 '원칙 없는 정치'는 나를 돌아보게 했다. 그러면 원칙을 버리지 않을 것이다.

박광온 국회의원

나 같은 국회의원은 밖으로 다 드러나 보이는 사람이지만, 지역의 숨은 일꾼을 들라 한다면 나는 첫손가락에 주저 없이 김주형 대표를 꼽을 것이다. 김 대표는 자기가 사는 동네, 일하는 사업장, 지역 정치활동 조직 할 것 없이 앞장서기를 조금도 망설이지 않는다. 나는 그런 열정과 리더십이 부럽다. 이 책에 그런 면모가 고스란히 담겼다.

백혜련 국회의원

나는 김주형 대표를 더불어민주당 4050특별위원회 창설 때 알게 되었다. 김 대표는 위원회 초창기 멤버로서 열정적으로 활동했다. 세대 중심, 4050의 중심이었다. 이렇듯 김 대표는 무슨 일을 하든, 어떤 자리에 있든 어정쩡하게 주변을 맴도는 법 없이 곧바로 중심으로 들어와 열과 성을 다했다. 이 책도 보니 그런 열성의 놀라운 결과물이다.

임종성 국회의원

수원시정 활동을 해오는 동안 활발한 지역의 발전과 시정 운영에 적잖이 도움을 주었으며 수원에 애정이 많은 사람이라 지역 사정에 밝은 줄은 알고 있었지만, 이 책을 보고서는 더욱 놀랐다. 시정에 대한 그의 식견은 생각보다 훨씬 방대하고 체계적이다.

염태영 (전)경기도 수원특례시장

같은 기업인으로서, 또 지역 정치활동가로서 김주형 대표는 늘 배울 점이 많았다. 그런데 이 책을 보고 또 한 번 놀란다. 으레 그런 책이 아니라 읽고 싶어지는 책이다.

김포중 신세계센트럴시티터미널 대표이사 · 경기도호남향우회연합회총회장

나는 김주형 대표의 훤칠하고 서글서글한 눈매의 인상을 보기만 해도 기분이 좋아진다. 하지만 그는 불의를 보면 불같이 뜨거워지는 사람이다. 책은 그의 또 다른 면모다.

임진 (전)경기도시장상권진흥원원장

"보리밭 푸르고 진달래 붉은 풍경이 아니라 사람들과 어울려 살아온 인정의 시장바닥이 그 사람의 진정한 고향이라면, 내 인생의 고향은 분명 수원"이라는 대목이 가슴을 울린다.

이충환 경기도시장상인회회장

"지역의 기업을 돕는 봉사활동이야말로 가장 확실하게 지역 발전에 이바지하는 길"이라는 김주형 대표의 말에 십분 공감한다. 이 책이 볼수록 나를 잡아끈다.

문종배 경기도기업경제인협회회장

사람이 어디에서든 웬만큼 기여를 하면 자기 이해관계도 좀 챙기게 마련인데, 김주형 대표는 한 번도 그런 적이 없다. 그런 면에서는 철두철미하다. 책을 보니 왜 그런지 알겠다.

성열학 주식회사 비비테크 회장

만나면 반가운 사람이 있고, 피하고 싶은 사람이 있다. 김주형 대표는 만나면 제일 반가운 사람이다. 그래서인지 김 대표가 낸 책조차 반갑다. 살펴보니 내용도 반갑다.

위현철 수원시치과협회회장

"좋은 일이 하나 생기면 열 가지 기쁨이 온다"는 책 속의 말이 가슴에 남는다. 김주형 대표에게 책을 내는 좋은 일 하나가 생겼으니, 열 가지 기쁜 일이 따를 것으로 믿는다.

김현덕 수원벤처밸리협의회회장

이 순간이 바로 새로운 출발점

이렇게 책을 내자 작정하고 살아온 날을 돌아보자니, 그동안 잊고 살았던 것도 떠오르고 저도 몰랐던 새로운 나를 발견하기도 합니다.

새삼스럽긴 하지만 놀랐던 건, 제가 많은 타이틀을 달고 너무 바쁘게 살아왔다는 사실입니다. 가족의 일원으로서, 직접 챙길 게 많은 중소기업인으로서, 제가 사는 아파트의 동대표로서, 우리 회사가 입주해 있는 산업단지의 협의회 회장으로서, 향우회 회장으로서, 다양한 정당활동과 봉사활동의 운영자로서, 또 수원 시민으로서 1인 10역의 인생을 한 화로에 담아 다독거려 왔으니 보람도 컸지만 아쉬움도 적지 않습니다. 특히 가족한테는 미안한 마음이 큽니다.

다들 그렇겠지만, 저 역시 코로나 재난 이후 지난 2년간 힘든 시간을 보냈습니다. 나름으로는 열심히 해온 여러 사회활동이 위축된 면도 있지만, 막 날개를 달고 날아오르려던 사업의 기세가 꺾이는 등 기업활동에 제한을 받게 된 것이 제일 힘들었습니다. 비행기가 뜨지 않게 되자 가장 큰 거래처인 항공사 납품이 끊기고, 성사 단계에 있던 다른 항공사와의 납품 계약도 물거품이 되었습니다.

무슨 일이든 그렇겠지만 사업에도 기세라는 게 있는데, 그 기세가 한 번 꺾이면 좀처럼 회복하기가 쉽지 않습니다. 하지만 저는 그 위기를 잘 이겨내오고 있습니다. 물론 저의 노력도 있지만, 그 것만으로는 어쩔 수 없는 엄청난 재난 가운데서도 살아남은 힘은 주위 사람들의 격려와 도움이었습니다. 저와 신뢰를 바탕으로 10년, 20년을 교감해온 분들입니다.

그래서 새삼 느낍니다. 인생을 살아가는 가장 큰 무기는 신뢰와 사랑이구나, 하는 것을. 저는 이 신뢰와 사랑을 바탕으로 지금껏 제가 받아온 만큼이라도 제 이웃에, 제가 사는 지역에 돌려주는 삶을 살고자 합니다.

이 책을 출간하고 여러분과 함께 그 의미를 새기는 이 순간이 바로 새로운 출발점이 될 것입니다. 오늘의 제가 있기까지 손을 잡아

준 모든 분에게, 이 책이 나오기까지 응원하고 도와준 가족에게, 출판사 대표님을 비롯한 관계자 여러분에게 진심으로 고마운 마음을 전합니다. 물론 이 책을 보시는 독자 여러분도 고맙습니다.

임인년 봄에, 김주형

이 책의 개요 및 구성

이 책은 4개 장으로 구성되었다.

1장에는 '72년생 김주형'이 살아온 인생의 궤적을 단막극처럼 구성하여 사진과 함께 담았고, 2장에는 '사업가 김주형'의 사업 이야기와 경영 철학을 역시 사진과 함께 간략하게 서술했으며, 3장에는 '정치인 김주형'의 소신과 비전 그리고 시대정신을 정리했고, 4장에는 '수원시민 김주형'의 수원 사정 들여다보기를 통해 수원의 현실과 미래 비전을 담았다.

1장에서는 왜 수원은 내 인생의 고향인지, 왜 수원의 미래가 나의 미래인지를 얘기한다. 이어 디지털엠파이어Ⅱ협의회 회장으로서 어떤 활동을 했는지 풀어놓는다. 기업활동을 돕고, 산학협력 혁신 프로그램을 운영하고, 수원청년UP클라우드를 통해 청년을 지원하고, 위로와 화합의 축제 한마당을 열고, 직장어린이집을 개설하고, 산업단지 로비를 시민에게 돌려준 것 등이다. 그 밖에도 시민과 함께하는 희망콘서트, 미얀마 시민의 민주화 투쟁을 지지하는 응원, 기부와 봉사 이야기 등을 파노라마로 풀어놓는다.

2장에서는 사업에 뛰어들어 위기를 극복하고 지금껏 성취해온 일을 스냅사진처럼 펼쳐놓는다. 진입 장벽이 높은 사업이 왜 블루오션인지, 이편한칫솔이 왜 식약청 허가에 3년이나 걸렸는지 하는 얘기에 이어 기업인으로 살아온 보람, 친환경 경영으로 키워온 사업 경쟁력에 관한 얘기를 들려준다.

3장에서는 원칙과 상식이 통하는 새로운 길을 제시한다. 정치에서 상식과 원칙은 왜 하나로 통하는지, 청년은 왜 아무 잘못이 없는지, 왜 개인이 아니라 구조가 문제인지를 제시하며 이제는 스스로 질문을 던질 때라고 촉구한다.

4장에서는 세상을 바꾸고 싶은 저자의 의지와 그에 따른 식견을 피력했다. 정치를 바꾸는 여기서부터의 변화를 말하면서 '나'

의 권리를 포기하는 것은 '우리'의 미래를 포기하는 것이라고 천명한다. 이어서 수원의 혁신을 위한 미래 비전을 사안별로 상세하게 짚어갔다.

1장   72년생 김주형입니다

2장   풋내기 기업인, 사업에 뛰어들다

3장   원칙과 상식이 통하는 새로운 길

4장   나는 세상을 바꾸고 싶다

보리밭 푸르고 진달래 붉은 풍경이 아니라
사람들과 어울려 살아온 인정의 장바닥이 그 사람의 진정한 고향이라면,
내 인생의 고향은 분명 수원이다.

72년생 김주형입니다

1.
수원은
내 인생의
고향

고향, 하면 떠오르는 풍경,
정겹지만 아련하고 때론 눈물겹다.

내가 태어난 자연의 고향은
남녘의 농촌지역 함평이지만,
내 인생을 키우고 꽃피운 고향은
여기 경기도의 중심인 수원이다.

보리밭 푸르고 진달래 붉은 풍경이 아니라
사람들과 어울려 살아온 인정의 장바닥이

그 사람의 진정한 고향이라면,

내 인생의 고향은 분명 수원이다.

2.
수원의
미래가
나의 미래

수원지역 중소기업인들의 모임인
수원미래경영포럼을 오래 이끌어왔다.

대개 연 4~5차례 모여 만찬을 하며
지역 경제 관심사와 수원의 미래를 얘기했다.
명사 초청 강의를 들으며 식견도 쌓았다.

지역 국회의원들까지 자리를 함께하면서
포럼의 의미가 점차 중요해지고
신뢰가 쌓여 회원이 100명에 이르렀다.

나는 포럼을 통해 숱한 민원 해결을 도왔지만

정작 나 자신의 민원은 단 한 번도 넣지 않았다.

3.
참을
만큼
참아왔다!

일제가 만들어놓고 떠난 수원공군비행장은
한국전쟁 때만 해도 주변이 허허벌판이었다.

하지만 시나브로 도시가 커지면서 밖으로 뻗어
머잖아 비행장이 도심에 지어진 꼴이 되었다.
그래서 수많은 시민이 소음에 시달려야 했다.
참고 또 참아온 세월이 60여 년이다.

더는 참을 수 없어 시민들이 연대 행동에 나섰다.
"참을 만큼 참았다. 수원공항 이전하라!"

나도 릴레이 1인 시위에 적극적으로 동참했다.

마침내 공항을 옮기기로 최종 결정되었다.

연대하고 참여하는 시민은 힘이 세다.

4.
디지털엠파이어II
협의회
회장이 되어

기업인으로서 기업 활동을 돕다

내가 경영하는 예방치과의수호천사엔젤이
입주해 있는 산업단지 디지털엠파이어II에는
현재 400여 기업이 입주해 활동하고 있다.

나 역시 중소기업을 운영하는 대표로서
기업이 일하기 좋은 환경을 조성하기 위해
5기부터 디지털엠파이어II협의회 협회장을 맡아
7기에 이르기까지 올해로 6년째 활동하면서

기업의 애로사항을 청취하고 소통함으로써
문제를 하나씩 해결해가고 있다.

지역의 기업을 돕는 봉사활동이야말로
가장 확실하게 지역 발전에 이바지하는 길이다.

자본주의는 봉사와 기부로 그 악덕이 감쇄한다.

산학협력 혁신 프로그램을 운영하다

청년 취업난이 좀처럼 해소될 것 같지 않다.
좋은 일자리는 점점 더 많이 부족해지고 있다.
기업이 인재 발굴과 양성에 이바지하기 위해
학교가 졸업생들의 취업난을 해소하기 위해
어느 때보다 산학협력의 노력이 절실하다.

2019년, 디지털엠파이어 II 협의회는 아주대학교와
산학협력 혁신 프로그램 운영 업무협약을 체결하고
SOS(Save Our Small business) 지역협업센터를 열었다.

인재 양성을 위한 혁신형 산학협력 교육을 하며
기업의 기술 혁신과 생산성 극대화로 이어질 수 있도록
상호 협력하고 현장 실습 및 인턴십 프로그램을 운영한다.

연대하고 협력하다 보면 없는 기회도 새로 생긴다.

감 사 패

디지털엠파이어II협의회

귀 기관은 아주대학교와의 산학협력 협업 네트워크를
구축하여 산학협력교육, 기업지원, 지역사회 상생 등
다양한 분야에서 사회맞춤형 산학협력 선도대학(LINC+)
육성사업의 활성화에 크게 기여하였기에
감사의 뜻을 담아 이 패를 드립니다.

2019년 12월 11일

아 주 대 학 교
총 장 박 형 주

수원청년UP클라우드, 청년을 지원하다

언제 어디서든 필요한 자료를 불러오는 클라우드처럼
청년·기업·대학이 한데 모여 정보와 의견을 공유하면서
원하는 기업·인재·교육 정책을 함께 모색하는 프로그램이
고용노동부가 후원한 '수원청년UP클라우드'다.

청년이 재능을 발표하고 기업은 필요한 인재상을 소개한다.
수원시, 경희대·아주대·성균관대 산학협력 LINC+사업단,
디지털엠파이어Ⅱ협의회가 2018년 11월 협약을 체결하여
청년을 지원할 또 하나의 유용한 통로를 마련했다.

서로 배려하면, 뜻이 있는 곳에 길은 있는 법이다.

청년은 소모품이 아니라 소중한 씨앗

우리 정치판부터가 청년을 이용하고 버리는
일회용 소모품 취급을 해온 것 아닌가.
기업인만이라도 제발 그러지 않길 바란다.

영통구는 청년들과의 구정 소통을 위해
해마다 '청년씨앗' 추진단을 꾸려오고 있다.
청년들에게 정책 제안의 장을 제공함으로써
혁신 정책 아이디어를 발굴하는 사업이다.

2018년에 처음 구성해 운영해오고 있는데
첫 견학지로 우리 협의회에 온 인연으로
지금껏 소통하면서 도움을 주고받고 있다.

우리는 청년의 과거, 청년은 우리의 미래!
그러니 청년의 말을 듣고 청년을 앞세울 것.

위로와 화합의 축제 한마당을 열다

디지털엠파이어Ⅱ협의회는 가을마다 잔치도 여는데
2013년부터 시작한 '한울타리 페스티벌'이다.
노사와 지역이 어우러지는 화합의 축제 마당으로
고단한 노동자가 문화적 휴식을 누리게 한다.

가을밤의 정취가 옷을 갈아입으며 한껏 피어난다.
단지 인근 주민들도 모여들어 신명으로 어우러진다.
넘치는 위로와 격려와 흥으로 가을밤이 깊어간다.

이런 활동 말고도 협의회는 1년 365일 바쁘다.
4개 의료기관과 협력병원이 제휴 협약을 맺어
입주사 대표와 노동자에게 의료복지를 제공한다.

남이 챙겨주는 사람은 아무래도 더 건강하다.
물론 충분히 쉬고 잘 노는 사람도 그렇다.

DIGITAL EMPIRE II
2017 제5회 디지털엠파이어 II
한울타리 Festival
2017.09.15
한울타리
Festival
2017.09.15(금)
17:30~21:30
디지털엠파이어II 로비 및 중앙광장
축하공연 출연진
아름다운 구속 – 김종서
사회자 – 주혜경 아나운서 (굿모닝 코리아 진행)
서양화가 김향희 작가
그대 하나 – 목비
MBC 듀엣가요제 – 이원갑
나쁜-X – Sol-T
타우라난타
클래식 공연 (4Cello Quartette)
Radha 공연단
1.한울타리축제 공연
〈사회자 : 주혜경 아나운서〉
1부(13:00~18:30)
식전행사 서양화가 김향희 전시전 / 클래식 공연 (4Cello Quartette)
식전공연 난타공연 (타우라 난타) / 클래식 공연 (4Cello Quartette)
2부(18:30~21:00)
개막행사 개회선언 / 벨리 댄스 공연 (Radha 공연단)
축하 공연 및 장기자랑 초청가수
아름다운 구속 – 김종서 / 그대 하나– 목비 / 나쁜-X – Sol-T
MBC 듀엣가요제 – 이원갑
3부(21:00~21:30)
장기자랑 시상식 및 행운권 추첨, 폐회
2.장기자랑 시상품 및 행운권 추첨
참가자 전원에게 시상품이 지급되오니 많은 참여 바랍니다.
(선착순 6팀 이내 접수)
시상품 대상, 우수상, 인기상 시상, 행운권 추첨이 있습니다.
3.입주사 단합대회 지원
10명이상 참석가능한 입주사는 사전테이블 예약 접수하시기 바랍니다.
| 문의 | 운영지원센터 031-695-6001~4
주최 : 디지털엠파이어II 협의회
협찬 및 후원 : 주식회사 수호천사엔젤, ㈜다엔딕, ㈜청송건축사사무소, 아이엠센트럴(주), (주)알피티, ㈜비티시스템, ㈜위더스 ㈜코댁중부, 드림오피스 신동지점, (주)에프에이솔루션, 수디자인 커뮤니케이션, 기업은행 영통신동점, 에리트사무용가구, 카페모던타임즈, ㈜씨앤에스자산관리, 수원엽스기념병원, ㈜하나투어, (유)대효제약, ㈜나라투어, 유미스킨앤바디 외 다수 업체

최고의 복지, 수호천사공동직장어린이집

우리나라에서 일하는 부모에게는 육아가 가장 큰 일이 되었다.

공공이나 직장 어린이집은 턱없이 부족하고

사설 어린이집은 비싸거나 믿음이 안 간다.

그래서 비용 부담 없이 믿고 맡길 수 있는

그런 어린이집을 설치하는 것이 부모에게는 가장 큰 복지다.

2019년, 협의회는 2년여 동분서주한 끝에

무상 수호천사공동직장어린이집을 열었다.

단지 내 근무자에게는 최고의 선물이다.

좋은 일이 하나 생기면 열 가지 기쁨이 온다.

산업단지 로비를 시민에게 돌려주다

대형 산업단지나 오피스텔 로비에 들어서면
대개 휑하니 썰렁해서 삭막한 느낌이 든다.
그러든 말든 아무도 관심을 두지 않는다.
관리자와 입주자만 있지 관심이 없어서다.

사람의 사랑과 손길이 가닿지 않으면
넓은 공간도 유용한 장소가 되지 못한다.

그래서 우리 디지털엠파이어 II 협의회는
건물 로비를 시민에게 돌려주기로 했다.
갤러리를 설치하고, 지역 작가 작품을 전시하고
입주 기업의 혁신 제품을 진열했다.

돌려주자 오히려 우리가 더 풍성해졌다.

5.
호남향우회,
시민과 함께하는
'희망콘서트'

나는 수원시호남향우회총연합회 총회장이다.
우리 연합회는 해마다 경기도문화의전당에서
수원시민과 함께하는 희망콘서트를 열어왔다.

호남향우회와 수원시민이 하나의 공동체가 되어
지역에 봉사하고 불우한 이웃을 돕는 취지다.
염태영 (전)수원시장이 말한 대로 '새로운 향우회'다.
우리끼리 따로 노는 대신 다 함께 뭉치자는 거다.

지금 사는 이곳이 바로 우리 아이들의 고향이다.

인천일보

"시민과 더불어 살려고 '희망콘서트' 준비했죠"

[김주형 수원시호남향우회 총연합회장]

10월 도문화의전당 공연 - 특산품 장터도

수익금 소외계층 지원·재해 복구 등 사용

"지역민 화합 우선 - 임기내 회관 건립 목표"

김주형 수원시호남향우회총연합회장이 오는 10월 경기도문화의전당에서 열리는 호남향우와 수원시민이 함께 하는 '희망콘서트'을 앞두고 행사 기획의도와 방향, 앞으로 나아가야 할 향우회의 목표에 대해 이야기하고 있다.

6.
한국자유총연맹
수원지회장이
되어

세월호는 진영의 문제가 아니다

"4·16 이전과 이후는 반드시 달라져야 해요.
우리 아이들은 하늘로 보냈지만 다른 아이들은
바뀐 세상에서 살게 해야 하지 않겠어요?"

딸을 세월호에 잃은 아빠의 간절한 바람이다.

세월호 참사 7주기인 2021년 4월,
한국자유총연맹 수원시지회 지회장인 나는

연맹 외벽에 세월호 추모 현수막을 내걸었다.

"희생자를 추모하며 잊지 않겠다는 다짐에는
보수든 진보든 정치적 이념이 빠져야 한다."

자유총연맹 역사상 유례가 없는 일이었다.
자연히 갑론을박이 벌어져 시끄러웠다.

정상으로 돌아가는 일은 시끄러운 법이다.

"광주와 미얀마"

민주주의, 평화, 인권, 연대

2021년 동남아시아 미얀마에서는 군부가 쿠데타를
일으키고 저항하는 시민과 학생들에게 무차별적으로
총기를 난사하고 학살을 진행하고 있다.
40여 년 전 대한민국 광주의 대자뷰를 보는 것 같은 생각은
나만의 생각일까?
우리 수원에 미얀마 유학생들이 살고 있다.
군부의 쿠데타 이후 본국과의 연락 두절로
학생들은 극심한 생활고에 시달리게 되었다.

2021년 4월, 한국자유총연맹 수원시지회는
십시일반 회원들의 정성 깃든 성금을 모아
'수원시 미얀마 유학생 생활기금'을 전달하고,
그 자리에서 미얀마 시민에게 응원을 보냈다.

필요할 때 돕는 것은 선행이 아니라 의무다.

7.
재물로 행복을 사는
유일한 방법은
기부다

"돈이 없어 배가 고팠다. 배가 고파서 힘들었다. 열 살부터 경성역에 나가 순사의 눈을 피해 김밥을 팔았다. 그렇게 돈이 생겨 먹을 걸 사먹었는데, 먹는 순간 너무나 행복했다. 그게 너무나 좋아서 남한테도 주고 싶었다. 돈이 없는 사람에게 돈을 주면 이 행복을 줄 수 있었다. 그 뒤로는 돈만 생기면 남에게 다 주었다. 나누는 일만큼 기분 좋은 일이 없었다."

평생 김밥을 팔아 모은 전 재산을 기부한 박춘자 할머니가 전해주신 행복론이다.

감히 이 분에 견줄 수는 없지만, 내 나름으로 내가 가진 것을 필요한 곳에 기부해왔다. 우리 회사 칫솔을 비롯하여 연탄, 쌀, 생필품, 현금 등을 기부하면서 나는 그저 돌려주는 것이라 여겼다.

우리는 재물을 선물하지만, 결국 행복으로 돌려받는다.

8.
봉사는
나를 바꿔서
세상을 바꾸는 일

"잠이 들자 나는 인생은 행복한 것이라고 꿈꾸었다. 깨어나자 나는 인생이 봉사라는 것을 알았다. 나는 봉사했고 봉사하는 삶 속에 행복이 있음을 알게 되었다."

인도의 시성(詩聖)으로 불리는 타고르의 봉사론이다.

나는 크게 내세울 재주가 없어
몸으로라도 할 수 있는 거라면 어디든 가서
거들고 북돋고 함께하고 어울렸다.
세상에 내 손길이 필요한 곳은 널려 있었다.
그래서 아무리 해도 부족한 것이 봉사다.

9.
4050의 중심에서
'시대정신'을
지지하다

더불어민주당 40~50대 당원을 대표하게 될
4050특별위원회가 대선 선봉에 나섰다.

청년층과 노년층을 잇는 다리 역할,
더불어민주당 확장을 위한 디딤돌 역할,
세대 간 현안을 공유하고 대안 정책을 제시하는 역할,
중·장년층의 참여 확대로 민주주의를 강화하는 역할,
민주주의를 지키는 선봉 역할이
4050특별위원회의 어깨에 달려 있다.

나도 4050의 중심에 서서 지지한다.

정치의 퇴행을 막을 시대정신이기 때문이다.

중심을 내어주고 가장자리를 자처하는 것이

모든 중심의 가장 아름다운 미덕이다.

10.
김시인은
詩人이
아니다

패션모델을 꿈꾸는 만 13~23세의 청소년들이
세계 패션계로 진출하도록 돕는 선발대회,
2019 THE LOOK OF THE YEAR KOREA.
모델 김시인이 영예의 대상을 받았다.

1983년, 패션의 나라 이탈리아에서 시작된 이후
지젤 번천, 이리나 샤크, 나오미 캠벨 같은
세계적인 모델을 배출한 이 대회에서 대상이라니!

사실 김시인은 큰 키를 물려받은 내 딸이다.

이름이 시인이라고 해서 詩人은 아니다.

아빠의 행사는 물론 필요한 데마다 가서

첼로 연주를 선사하는 첼리스트이기도 하다.

자식 자랑은 팔불출이라는데, 그런들 어떤가.

11.
꺼져가는
촛불 정신,
되살려야 한다

1988년 3월, 슬로바키아에서 촛불시위가 벌어졌다.
시민들은 종교의 자유와 인권 존중을 요구하며
광장에서 촛불을 들고 평화롭게 행진했지만,
경찰은 무자비한 폭력으로 평화시위를 진압했다.
이듬해 벨벳혁명으로 공산 독재체제가 무너졌다.

2016년 11월, 광화문에서 촛불 집회가 시작되었다.
비선 실세의 국정 농단에 맞선 시민들의 시위였다.
결국, 농단 세력을 물리치고 민주주의를 회복했다.

나 역시 민주시민의 한 사람으로 촛불을 들었다.

정부가 촛불 정신의 기대에 못 미친 점은 있지만

그렇다고 정치를 촛불 이전으로 퇴행시킬 순 없다.

꺼져가는 촛불 정신을 되살려야 하는 까닭이다.

12.
고향의 봄,
예전의 봄이
아니다

농협이 수매 약속을 어겨 고구마가 썩어갔다.
참고 또 참았던 농민들이 분노로 들고일어나
고구마 피해 보상을 요구하는 투쟁을 시작했다.
정부가 농민들을 '불순세력'으로 몰아 탄압했지만
농민들이 끝내 이겨 농민운동의 한 획을 그었다.
중간상인과 결탁한 농협의 비리가 드러났다.
1976년 11월에 일어난 '함평 고구마 사건'이다.

1999년, 함평천에 심은 유채꽃, 자운영이 만발하자
나비 축제를 열어 시들어가는 봄을 소생시켰다.

내가 태어나 어린 시절을 보낸 전남 함평 이야기다.

인구가 12만에서 3만으로 줄어 소멸해가는 고향,

봄이 왔지만, 예전의 그 봄이 아니다.

수호천사엔젤은 나와 직원 모두의 자부심이다.
우리는 시작부터 벤처였고, 계속 벤처로 남는 한
멈추지 않을 것이므로 끝은 없을 것이다.

2장

풋내기 기업인,
사업에 뛰어들다

1.
진입 장벽이
높은 사업이
블루오션이다

2003년, 나는 구강위생용품 사업을 시작했다.

일반 소비자가 아니라 업계를 상대하는 사업이라

비상한 인내심이 필요하고 진입 장벽이 높았지만,

비교적 경쟁자가 많지 않은 블루오션이었다.

예방치과 토탈 마케팅 서비스라는 새로운 시도로,

효과적인 처방을 위한 다양한 신제품을 출시했다.

특화된 제품으로 시장에서 자리를 잡아갔다.

시장에서 꾸준히 쌓아 올린 신뢰 덕분이다.

수호천사엔젤은 나와 직원 모두의 자부심이다.

우리는 시작부터 벤처였고, 계속 벤처로 남는 한

멈추지 않을 것이므로 끝은 없을 것이다.

2.
이편한칫솔,
식약청 허가에
3년 걸려

자체 개발한 치약은 이미 허가를 받은 상태였다.
바로 그 치약을 칫솔에 코팅한 획기적인 상품을
2012년에 개발하여 식약청에 허가를 신청했다.
허가를 신청한 시기가 하필 박근혜 정부 때였다.

식약청은 안전성을 이유로 신청서를 반려했다.
이미 안전성이 공인된 치약인데, 안전성이라니?
치약 때보다 허가 기준이 높아졌다고 했다.
사업 자금을 이 제품 개발에 다 쏟아부었으니
허가가 아니면 차라리 죽음을 달라고 외쳤다.

그렇게 3년을 끌다가 겨우 허가를 내주었다.

그렇지 않아도 촛불은 들었을 테지만
이런 일이 있어서 촛불의 맨 앞에 섰다.

아직 마음에서 촛불을 끌 때가 아니다.

3.
중소기업인 대상,
기업인의 보람이자
긍지

수원시가 주관하는 중소기업인 대상은
경영혁신, 기술개발, 수출진흥, 창업 및 벤처,
일자리 창출, 노사화합 6개 부문을 시상한다.

나는 '2017 수원시 중소기업인 대상'에서
'창업 및 벤처' 부문 대상을 받았다.

국민경제의 중심은 중소기업이다.
중소기업이라는 실핏줄이 튼튼해야만
대기업이라는 심장도 박동할 수 있다.

가장 좋은 복지는 일자리 창출인데,

그 90%를 중소기업이 담당하고 있다.

중소기업을 키우는 정치가 좋은 정치다.

4.
이제는 친환경이
가장 강력한
경쟁력

지금껏 환경을 파괴해 산업을 발전시켰다면
앞으론 친환경만이 파국을 막는 길이다.

그런데 유력한 제1야당의 대선 후보가
환경에 관해 무지한 데다가 관심마저 없고
반환경적인 언사를 매일 쏟아내고 있으니
나라 경제를 통째로 들어먹을 위인이다.

나는 사업 시작부터 환경을 생각한 덕분에
일찍이 '환경경영시스템' 인증을 받았다.

그리고 지난 2021년에는 〈인천일보〉 주최

'경기환경대상'을 받은 일이 자랑스럽다.

20대 대선은 '환경'이 기필코 승리하길!

5.
기업 활동도
정치 활동도
'신뢰' 하나로

"한 사람을 믿을 수 있는 사람인지 알아내는
가장 좋은 방법은 먼저 그를 믿는 것이다."

미국의 작가 어니스트 헤밍웨이의 말이다.
그렇다. 그 사람을 믿지 않고서 어떻게
그가 나를 믿어줄 것을 바란단 말인가.

나의 가장 큰 사업 밑천은 신뢰였고
사업 활동도 신뢰가 바탕이 되었다.

정치인이 존재하는 가장 큰 이유는

국민과 약속을 하는 데 있는 게 아니라

국민에게 한 약속을 지키는 데 있다.

6.
우리 중소기업,
기술은
이미 세계적

2018년, 수원시가 싱가포르와 베트남 하노이에서
'K-테크 수출개척단'을 운영하여 상당한 실적을 거뒀다.

싱가포르, 베트남의 75개 바이어와 상담한 끝에
수호천사엔젤은 2만 달러 수주를 확정했으며,
다른 한류 기업들도 상당한 성과를 올렸다.

수원시에는 13개 창업센터와 15개 지식산업센터,
3개 산업단지에 번뜩이는 실력을 지닌 K-테크 업체들이 있다.
K-문화가 이미 일상화된 동남아권역 신규 개척을

창업 기업을 북돋고 지원하여 맡김으로써
새로운 성장 동력을 찾도록 해야 한다.

우리 중소기업, 기술이 없는 게 아니다.
길을 열어주면 이미 세계적이다.

7.
기업인도
배우고 싶은
노무현의 창의력

지는 봄꽃 뒤로 신록이 덮이는 계절,

그분이 그리워지면 봉하마을에 간다.

노무현은 아이디어가 많은 혁신가였다.

변호사 시절, 법률사무소의 방대한 자료를

전산화하는 프로그램을 286 컴퓨터로 개발했다.

이것을 바탕으로 한층 발전시킨 것이

참여정부 온라인 시스템 '이지원'이다.

저들이 그분을 죽음으로 몰지 않았다면

아마 지금쯤 봉하마을은 세계에서 가장
창의적인 마을이 되어 있을 것이다.

8.
마운드 위의
투수는
늘 고독한 법

마운드 위의 투수는 고독한 승부사다.
먼저 자신의 공을 믿어야 하고
공을 받는 포수를 절대 신뢰해야 하며
필드의 야수들을 믿어야 한다.

결국, 공 하나하나에 책임을 져야 한다.
걷잡을 수 없게 되면 물러나야 한다.
그것이 반복되면 마운드를 잃게 된다.

경영자는 마운드 위의 투수와 같다.

"세상에는 일곱 가지 죄가 있다. 노력 없는 부, 양심 없는 쾌락, 인격 없는 지식, 도덕성 없는 상업, 인성 없는 과학, 희생 없는 기도, 원칙 없는 정치가 그것이다."

3장

원칙과 상식이 통하는
새로운 길

1.
정치에서
상식과 원칙은
하나로 통한다

"세상에는 일곱 가지 죄가 있다. 노력 없는 부, 양심 없는 쾌락, 인격 없는 지식, 도덕성 없는 상업, 인성 없는 과학, 희생 없는 기도, 원칙 없는 정치가 그것이다."

마하트마 간디는 세상 7죄의 하나로 '원칙 없는 정치'를 꼽았다. 원칙은 적어도 정치에서는 상식과 일맥상통한다. 원칙은 상식선에서 예측하고 받아들일 수 있기 때문이다. 그런데 우리 정치에서는 도저히 상식으로는 이해할 수도 용인할 수도 없는 일들이 버젓이 벌어지고 있다. 몰상식이 상식을 자처하고 무원칙이 원칙을 깔아뭉개는 바람에 정작 상식과 원칙은 설 자리를 잃어가고 있다.

"인간은 5가지 감각을 갖고 태어난다. 그런데 거기에 하나가
더 있다. 공통감각이다."

아리스토텔레스는 시각, 미각, 청각, 후각, 촉각의 5가지 감각 외
에 '공통감각'이 존재한다고 생각했다. 공통감각은 5가지 감각으
로 받아들여진 느낌 혹은 인상을 사람들끼리 교환하고 비교해서
이를 근거로 특정 대상을 판단하는 것을 의미한다. 아리스토텔레
스의 공통감각은 오늘날 우리가 말하는 '상식'의 기원이다. 아리스
토텔레스적 '상식'의 개념은 오늘도 유효하다.

이치에 어긋나지 않고 순리에 따라 사는 사회가 상식이 통하는
사회다. 최근 대선 후보들 사이에 원칙과 상식이 통하는 사회, 특
혜와 반칙이 없는 공정한 사회를 만들겠다는 정책 공약이 시류가
되고 있다.

대선 후보들이 너도나도 "상식이 통하는 공정한 사회"를 공약으
로 내거는 걸 보면, 우리 사회는 아직도 원칙과 상식에 목말라 있
는 것 같다.

물론 상식이라는 통념이 정해져 있거나 하나의 진리처럼 확립되어 있지는 않다. 그러나 상식은 우리 일반인이 느끼는 보편타당한 삶의 가치이며 사회를 살아가는 각자가 갖추어야 할 기본적인 양식이다.

순리에 어긋나지 않는 상식이 통하는 사회는 우리 선조들이 오랫동안 소중히 지키며 살아온 생활의 신조요 미덕이다. 선조들이 숱한 불행과 고초를 겪으면서도 시류에 휩쓸리지 않고 순리를 택했던 것은 상식에서 출발한 가치관 덕분이다.

원칙이 무너지고 상식이 통하지 않는 곳에서는 우리가 열망하는 공정한 사회를 만들 수 없다.

가령 옷에 단추를 끼울 때 첫단추를 잘못 끼우면 계속 내려서 끼워야 하는 것처럼, 원칙과 상식이 한번 무너지면 새로운 가치관을 기대하기 어렵다.

상식이란 보편적 가치관은, 이치에 어긋나지 않는 원칙을 세우고 그 원칙에 돌아가기 위해 초심을 잃지 않을 때 바로 설 수 있다.

상식인이란 어떤 지식이나 정보처럼, 특정한 내용을 이해하고 암기한다고 상식 있는 사람이 되는 것은 아니다. 상식에 부합되는 말과 행동이 뒤따라야 한다. 올해는 향후 우리의 미래를 이끌어가는 데 중요한 갈림길에 서 있다. 우리의 책임은 이번 양대 선거를 통해 상식이 통하는 공정한 사회를 만들 수 있는 지도자를 선택하는 일이다.

지금 우리 주변 정세는 예사롭지 않다. 글로벌 경제위기와 북한의 권력 변화에 따른 체제변화 가능성이 예측을 불허하는 가운데 우리 사회에는 아직도 남아 있는 이념 논란, 점점 더 심해지는 양극화의 갈등, 변함없는 기존 정치에 대한 불신을 배경으로 크고 작은 변화의 조짐들이 여러 방면에서 일어나고 있다.

또 공간상으로는 우리나라만의 국운을 넘어 세계사적으로 새로운 정치·경제 로드맵을 찾아야 하고, 시간상으로는 변화하는 시대정신에 맞는 역사의 방향성을 찾아야 한다. 상식이 통하는 공정한 사회를 만들기 위해서는 과거처럼 지도자의 일방적인 능력에 의지하기보다는 유권자의 힘과 지도자의 능력이 수평적으로 잘 조화를 이루어야 한다.

지금 우리 사회는 새로운 시대정신을 요구하고 있다. 이번 20대 대선과 지방선거가 그 어떤 선거보다 중요한 의미를 지닌 것은, 정제된 민주사회를 안착시킬 지도자가 필요하기 때문이다. 정제되지 못한 조직이나 사회는 조화와 균형을 잃게 되고, 나쁜 선례를 만들 수 있으므로 경계해야 한다.

지은이는 분명치 않지만, 예로부터 서산대사의 시라고 전해오는 〈답설(踏雪)〉은 나쁜 선례를 경계한다. 눈 덮인 들판을 앞서 걸어갈 때 어지럽게 잘못 밟아놓으면 뒤에 오는 사람들이 길을 잃고 방황하니, 똑바로 잘 걸으라는 내용이다. 자라나는 우리의 미래세대가 '2022년의 선택'을 주목하고 있다. 앞선 세대가 길을 제대로 닦아놓아야 다음 세대가 제대로 걸을 수 있기 때문일 것이다.

원칙과 상식이 통하지 않는 조직과 사회는 무너지게 마련이다. 그러나 지금 우리 사회는 보통사람들로서는 도무지 이해가 가지 않는 일들이 너무나 많다. 정치권은 물론이고 경제계, 종교계, 그리고 우리 사회에서 일어나는 각종 사건 사고들은 너무나 많은 범죄와 비리가 얼룩진 일상을 보여주고 있다.

우리나라 역대 대통령들이 취임할 때 강조한 것은 원칙과 상식이 통하는 사회를 만들겠다는 것이었다. 노무현 정부의 구호는 '원칙과 상식이 통하는 사회'였고, 이명박 정부도 '법과 원칙이 통하는 사회'를 강조했다. 그리고 박근혜 정부도 '투명하고 상식이 통하는 사회'를 만들겠다고 했으며, 문재인 정부 역시 '정의가 숨 쉬고 상식이 통하는 사회'를 약속했다. 이렇듯 우리나라 대통령들의 취임 일성은 '원칙이 살아 있고 상식이 통하는 사회'였다.

그런데 시간이 흐른 지금 과연 전직 대통령들의 말로는 어떻게 되었는가? 비극적인 말로를 맞이했거나 아직도 교도소에 있다. 그분들이 주장했던, 우리 모두 아는 '상식이 통하는 사회'를 위해 노력했다면 그러한 비극적인 삶을 맞진 않았을 것이다. 현재 우리 사회는 '상식조차 통하지 않는 사회'가 되어 버린 것이다.

상식이란 무엇인가? 사전에는 "일반적인 사람이 다 가지고 있거나 가지고 있어야 할 지식이나 판단력"으로 풀이한다. 바로 정상적인 사람들이 당연하다고 여기는 것이 바로 상식이고, 그런 사람들이 사는 사회가 바로 상식적인 사회다. 물이 아래로 자연스럽게 흐르듯 하는 사회가 '상식이 통하는 사회'다.

그런데 지금 우리 사회는 당연하다고 여기는 것들이 통하지 않는, 몰상식한 사회가 되어버렸다. 부조리가 판치고 학교 교육은 일류대학 우월주의가 만연해 진실한 지식과 지혜를 주는 것이 아니라 주입식 공부에만 열중하고 있으며, 사회 지도자들은 불법을 통해서라도 자신의 자녀를 일류대학에 보내기 위해 기를 쓰고 있다.

이런 이유로 실질적으로 열심히 일하고 노력하는 보통사람들이 잘되는 것이 아니라 오히려 '상식이 통하지 않는 사회'를 만든 사람들이 부유한 삶을 살게 되고 각종 혜택이란 혜택은 모두 누리며 살고 있다. '상식이 통하지 않는 사회'가 되면 우리 사회는 사회 기강이 무너지고 어지러운 상황이 계속될 것이다.

보통사람이 잘사는 사회, 자기가 일한 만큼 혜택을 보는 사회를 만들어야 모두가 공평하고 평등한 세상이 될 것이다. 이것이 '상식이 통하는 사회'다.

2.
상식과
원칙이
정치를 지킨다

"노무현이란 이름은 반칙과 특권이 없는 세상, 상식과 원칙이 통하는 세상의 상징이 되었습니다. 우리가 함께 아파했던 노무현의 죽음은 수많은 깨어 있는 시민들로 되살아났습니다. 그리고 끝내 세상을 바꾸는 힘이 되었습니다. 민주주의와 인권과 복지가 정상적으로 작동하는 나라, 지역주의와 이념 갈등, 차별의 비정상이 없는 나라가 그의 꿈이었습니다. 그런 나라를 만들기 위해 대통령부터 초법적인 권력과 권위를 내려놓고 서민들의 언어로 국민과 소통하고자 노력했습니다. 그러나 이상은 높았고, 힘은 부족했습니다. 현실의 벽을 넘지 못했습니다. 노무현의 좌절 이후 우리 사회, 특히 우리의 정치는 더욱 비정상을 향해 거꾸로 흘러갔고 국민의 희망과 갈수록 멀어졌습니다."

2017년, 노무현 전 대통령 8주기 추도식장을 숙연하게 만든, 문재인 대통령의 추도사 중 한 대목이다.

대통령 노무현은 재임 중 인기가 그리 높지 않았다. 보수와 진보 양쪽에서 공격을 받았다. 한쪽에서는 좌파, 다른 쪽에서는 신자유주의자라고 비판했다. 퇴임 뒤 측근들에 이어 본인까지 검찰 수사를 받자 언론은 그의 도덕성에도 문제를 제기했다. 2009년 5월 서거 이후 '인간 노무현'이 재조명받으면서 판이 뒤바뀌었다. 국민장으로 치러진 그의 장례에는 500만 조문객이 몰렸다. 이후 민주주의에 위험 신호가 켜질 때마다 우리 국민은 어김없이 '노무현'을 소환했다. 그러면서 '노무현 정신'을 말하는 이들이 점점 늘었다.

그렇다면 '노무현 정신'이란 뭘까. 국민 참여 정치, 권위주의 타파, 깨어 있는 시민, 원칙과 소신 그리고 상식 등 많은 키워드를 떠올릴 수 있지만, "원칙과 상식이 통하는 사람 사는 세상"이 가장 널리 사랑받았다.

"개인이 어리석으면 그 자신의 삶만 고달프지만, 정치인과 관료가 어리석으면 국민의 삶이 고달파진다."

고전에서 비롯한 말이지만, 오늘날에도 널리 통용되는 정치 상식이다. 국민이 고달픈 삶을 살 것인지, 아니면 행복한 삶을 살 것인지는 정치에 달렸대도 과언이 아니다. 그런데 오늘날 많은 국민은 고달프기 그지없는 삶에 처해 있다. 왜 그런가? 한 사회를 지탱하는 상식과 원칙이 제대로 서지 못하고 있기 때문이다.

그렇다면 정치란 무엇인가?

"정치란 사회적 가치, 즉 희소한 자원의 권위적 배분이다."

미국 정치학자 데이비드 이스턴은 이와 같이 정치의 가장 보편적인 정의를 제시했다. 정치학에서는 정치를 크게 두 가지로 정의한다. 하나는 바로 이 데이비드 이스턴의 정의이고, 다른 하나는 "정치는 적과 동지의 구분"이라는 말로 유명한 독일의 법학자 카를 슈미트가 "정치는 공동체를 외부의 위협으로부터 지켜내는 일련의 행위"라고 한 정의다.

다시 말해, 정치는 사회 구성원이 자본과 노동을 투입하여 창출한 재화와 서비스에 대한 분배 구조를 조직하는 것이며, 자기 공동체의 유지와 안전을 목적으로 행동하는 것을 포함하는 개념이다.

정치는 우리 삶과 동떨어진 것이 아니고, 소수의 정치인에게만

허락된 '그들만의 전유물'은 더욱 아니다. 만약 우리가 일상에서 불합리하다고 생각하는 문제나 소속 공동체의 불공정한 가치 분배를 인식한다면 그것은 정치를 통해서만 해결할 수 있다.

한 사회에서 생산하는 가치의 총합은 한정되어 있으며, 생활 수준을 결정하는 것은 그 한정된 가치의 총합을 나누는 시스템이다. 그러므로 가장 이상적인 정치 모델은 공동체 구성원 모두가 정치 주체가 되어 집단의 의사결정에 참여하는 것이다.

현대 사회가 복잡해지고 구성원이 크게 늘면서 대의민주주의를 채택하게 되었다. 사회 구성원인 시민이 직접 정치에 참여하는 대신 투표로 대리인을 손으로 뽑아 정치를 맡김으로써 간접적으로 정치 과정에 참여한다. 그러나 공동체 단위를 국가가 아닌 도시로 두게 되면 시민이 직접 정치 과정에 참여하는 것이 가능하다는 생각이 더욱 힘을 얻어가고 있다.

실제로 스위스에서는 시민들이 몇 개월을 주기로 광장에 모여 안건을 상정하고, 토론하며, 직접 표결을 통해 정책을 결정한다.

이렇게 하니, 소수의 시의원들이 정책을 결정하는 것보다는 훨씬 실질적으로 민의를 반영할 수 있다. 그러면서 사안에 따라서는 각 정책의 이해당사자들이 더욱 적극적으로 참여하여 대화하고 토론하게 된 것이다.

직접 이해당사자인 시민들은 그들의 대표자인 시의원보다 정치 과정에 더욱 적극적으로 참여할 강력한 유인이 있다. 시민들은 누구를 대표하기 위해 그 자리에 있는 것이 아니라 자신의 삶에 실질적으로 영향을 미칠 정치적 사안을 다루고 있는 것이기 때문이다.

국가의 존립과 권력의 유지가 정치의 기본 목표일 수 있다. 그러나 정치의 궁극적인 목표는 사회정의 실현을 통한 구성원의 복지와 행복 추구다.

이는 곧 정치의 역할이기도 하다. 정치는 사회 통합과 질서를 유지하는 것이고, 사회 구성원 간 다양한 이해관계의 합리적 조정을 통해 대립과 갈등을 통합적으로 조정하는 것이다. 그런데 우리 사회는 친일 청산과 같은 역사 문제를 해결하지 못한 나머지 기득권이 획책하는 분열의 정치로 숱한 갈등을 낳고 있다. 그리하여 공정, 정의, 인권 같은 민주정치의 기본 개념조차 진영 간에 전혀 다르게 인식하게 되었다. 현실적 이해타산에 발목이 잡혀 왜곡된 역사 인식을 바로잡지 못하는 한 이런 논란은 끊이지 않을 것이다.

정치의 역할은 궁극적으로 국민의 행복을 증진하는 것인데, 국민의 기대와 욕구를 정책에 반영함으로써 행복한 삶을 살 수 있게 하는 것이다. 또 하나 정치의 역할이 있다면, 사회가 나아갈 방향을 제시하는 것이다. 공동의 의사결정을 통해 사회문제에 대한 해결책을 찾고 국가 비전을 제시하는 것이다.

그래서 상식과 원칙을 넘어선 통합과 화합의 정치가 어느 때보다 절실하게 요청되는 시대정신이라 할 수 있다. 노무현 전 대통령은 미완성 회고록《성공과 좌절》에 '노무현 정신'이라고 할 만한 실마리를 남겨 놓았다. "후보 시절의 약속은 무엇이었을까?" 하는 대목에서 "명시적으로 공약하지 않은 공약"을 밝혀 놓은 것이다.

"시민들과 정서적 공감대가 이루어진 묵시적인 약속이 있었다. 서민, 고졸, 입지전적 인물, 일관된 소신의 길, 손해 보는 길, 바보 노무현, 이런 것들은 명시되지 않았으나 시민들은 계약 이상의 무게로 받아들였다. 그 정신을 버리지 말라는 것이었다."

대중에게 널리 퍼진 노 전 대통령의 이미지는 대개 원칙과 소신을 위해 싸움을 불사하는 모습이다. 1988년 5공 청문회에서 호통치는 장면이 상징적이다. 그러나 우리가 미처 주목하지 못한 또다른 '노무현 정신'을 역시《성공과 좌절》에서 만나볼 수 있다.

"국민 통합은 경선 때 핵심 의제였는데, 그 후 본선에 와서는 호응이 떨어졌다. 대신 먹고사는 이야기가 앞으로 나왔다. 그러나 나에게는 국민 통합이 최고의 과제였다."

원칙이나 소신과 같은 가치와 상충할 수 있을 법한 국민 통합을 그는 왜 국정 최고의 과제로 꼽았을까. 정치·사회적 갈등 해소를 국가 최고지도자의 책무로 여긴 것일까. 그렇다면 이는 설령 노무현 정신의 본질이라고 할 수는 없을지라도 노무현 정신을 뒷받침하는 중요한 어젠다임에는 틀림없다.

"한 국가공동체는 통합되어야 합니다. 국민은 하나로서 공동의 목표를 가지고 어떤 지향에 대해 공감하면서 전략적 합의를 통해 새로운 역사를 향해서 나아가야 하는데, 말이 통하지 않을 정도로 심각하게 분열되어 있습니다."

노 전 대통령은 대선 출마 전부터 오랫동안 줄곧 통합을 이야기해왔다. 2001년의 강연에서도 그랬고, 2007년 퇴임을 앞둔 인터뷰에서도 그랬다.

"노무현 정치의 출발점은 1989년 평화민주당과 통일민주당에 대한 통합운동입니다. 원칙에는 매우 까다롭게 매달리지만, 통합을 위해서라면 어떤 다른 가치도 희생할 수 있는 정치를 해왔습니다."

그러나 이 '노무현의 통합 정신'에 사람들은 주목하지 못했다. 심지어 그를 존경한다는 정치인들조차도 통합 정치를 실현하려는 그의 간절한 노력을 이해하지 못했다. 사실, 분열을 극복하고 통합하려는 그의 정치적 의지는 오래된 연원이 있고, 그가 분열의 당사자로 지목한 정치인도 분명했다.

1990년 노태우, 김영삼, 김종필이 야합한 3당 합당은 우리 정치의 기회주의와 분열주의를 극적으로 보여준 사건이다. 그래서 노무현은 "내 20년 정치 인생은 김영삼 대통령과의 투쟁"이라고까지 말했다. 여기에 맞서기 위해 2002년 대선에서 내건 기치가 바로 '원칙과 통합'이었던 것이다.

"김영삼 대통령의 '성공'으로 인해 우리 사회가 기회주의를 배척할 힘을 잃어버린 것이다. 사회적 노력이 소멸해 버렸다. 자신의 강한 영향력으로 반(反) 화합이라는 대결적 정서를 통해 적대적 대결 구도를 만들어놓고 만 나머지 이제는 성공을 위해서라면 무슨 짓을 해도 사회적으로 심판을 하지 않는 분위기가 만들어진 것이다."

노무현은 3당 합당 결과 훼손된 원칙이 단순히 동시대에만 영향을 주는 정치 윤리가 아니라고 본 것이다. 그는 이 합당의 정치적 본질이 정치 영역을 뛰어넘는 역사의 반동이라고 보아서 사회 전체가 체득할 나쁜 교훈을 염려한 것이다.

"3당 합당이라는 것이 이름은 합당이지만, 그 내용은 국가적 분열이고 민주 세력의 분열이다. 어느 나라를 막론하고 분열주의는 국가와 사회 그리고 미래에 가장 나쁜 영향을 미친다."

노무현이 이처럼 본질에서의 통합을 최우선 과제로 삼은 데에는 3당 합당이라는 역사적 사건에 반대한다는 의미 이상이 내포되어 있다. 유시민의 말에 따르면, '공존의 질서를 만드는 일'이다.

"서로 이해관계와 생각이 다른 사람이 공존할 수 있도록 규칙을 만들고, 그에 걸맞은 문화를 체득하게 하는 것이다. 그들이 서로 존재를 인정하고, 안정적이고 공정하게 경쟁하며, 결과에 승복하고, 소수라 할지라도 다음 경쟁에서는 다수가 될 가능성을 늘 열어놓는 시스템을 만드는 것이다."

2005년 6월, 노 대통령은 야당(한나라당)에 선거구제 변경(소선거구제에서 중대선거구제로)에 동의해준다면, 국무총리를 포함한 장관 임명권을 줄 수 있다고 제안했다. 이른바 '대연정'이다. 소선거구제에서 호남에선 민주당 계열 후보만, 영남에선 한나라당 후보만 의원으로 뽑히는 지역주의 구도를 타파하자는 발상이었다. 부산에 민주당 계열 후보로 출마하고 연거푸 패배한 경험을 가진 노 대통령으로선 절실한 문제였지만, 다른 정치인들에겐 그렇지 않았는지 대연정 주장은 비웃음 속에 파묻히고 말았다.

2007년 신년 연설 당시 노 대통령의 시점에서 볼 때 대연정 제안의 실패는 민주주의 발전 과정상 필연이었을 것이다. 시대를 앞서간 선구자는 늘 고독한 법이다. 그가 이날 연설에서 자인했듯이 그 역시 고독했다.

"대화와 타협의 민주주의는 아직 성공하지 못했습니다. 너무 시대를 앞선 성급한 제안이었던 것 같습니다."

3.
청년은
아무
잘못 없다

개인이 아니라 구조가 문제다

지금껏 우리 사회는 청년이나 직장인을 위한답시고 끊임없이 자기계발을 강요해왔다. 어려운 처지에 놓인 청년이나 직장인은 다 자기계발이 부족해서 그러는 것이니 자기계발에 매진하라는 식이다. 이렇게 모든 문제를 개인 탓으로만 돌리고 개인만 닦달해온 것이다.

여기에 앞장서온 것이 다양한 '멘토'들의 다양한 자기계발 책들과 강연 그리고 자기계발 프로그램들이다. 특히 관련 책들은 국내외를 막론하고 베스트셀러 상위 목록을 빼곡히 채울 정도로 홍수를 이루었다.

자기계발 책들은 사회가 빚어낸 문제와 모순, 그리고 사회가 져야 할 의무와 책임을 개인 탓으로 돌리고 개인에게 지움으로써 민영화, 사교육, 비정규직 등의 사회제도적 개악을 합리화하고 노동자의 땀을 갈취하며 그것이 당연하게 여겨지도록 선전해왔다.

다시 말해, 자기계발이라는 미명으로 성실한 노력과 창조적인 생각으로 현실을 개척해나간다는 솔깃한 말들을 쏟아내지만, 실은 정당한 노동의 가치를 깎아내려 열정을 착취하도록 하기 위한 사탕발림에 지나지 않는다.

자기계발 시장은 기업이 받는 사회적 이익에 보답해야 하는 사회적 책무(노블레스 오블리주)를 교묘하게 회피할 수 있도록 한다. 사람들은 어찌할 수 없는 각박한 세상에서 자기계발이 주는 환각제에 마취되어 현실을 망각하고서라도 살아가고자 한다.

사회가 제공해야 할 안전망을 해체하고 '누구에게도 기대지 말고 스스로 일어서라'는 자기계발 메시지는 사회에서 아무것도 못 믿게 했다. 믿을 건 오직 자신뿐이고, 그런 의지를 지탱하기 위해 현실을 망각하거나 부정하는 강력한 환각제를 계속 투입하는 수밖에 없게 되었다. 이처럼 비현실의 공간에 갇혀 개인의 위대한 생각만으로 모든 것이 가능하다는 환상에 빠져 살게 된 것이다.

자기계발이 지향하는 문제는 목표 자체가 자신이라고 착각하게 만드는 것이다. 개인의 목표를 향해 달리는 것만이 인생의 모든 것이라는 신앙심을 심어주어 사회구조의 문제와 현상은 철저하게 외면하도록 만든다. 결국, 사회에서 남들보다 우월한 위치와 부를 누리고자 하는 개인적 욕망만 좇도록 내모는 것이다.

실은 자기계발이란 더 나은 삶을 위한 철학적 성찰로부터 출발한 개념이 아니라 규모가 커진 기업에서 노동자를 더 효율적으로 부려먹기 위한 교육과 훈련에서 비롯한 개념이다. 그런 것이 서비스와 세일즈에 접목되어 일선에서 고객을 대하는 태도와 테크닉을 향상하는 효율적인 훈련으로 확장되었다.

직장인을 위한 자기계발 책들이 강요하는 메시지는 결국 개인의 노력과 열정을 남김없이 발산하라는 것이다. 말단 사원에게 사장 마인드로 일하라는 것이나 머슴 취급을 받는 직원에게 주인의식을 갖고 일하다 보면 성공한다는 메시지는 결국 조직이 개인을 착취하기 좋은 구실만 제공했다.

물론 노력을 장려하는 것이 나쁜 것은 아니다. 아니, 필요한 일이다. 그러나 개인이 아무리 노력해도 안 되는 사회구조를 만들어놓고 개인의 노력만 강요하는 것은 기만이다. 이런 점에서 언론인 손석희가 던진 일갈은 우리 사회 인식의 단면을 고스란히 보여준다.

"신부가 가난한 이에게 빵을 주면 훌륭한 칭찬을 듣지만, 그가 왜 가난한 것인지 사회구조에 관해 이야기하면 빨갱이라는 비난을 듣게 된다."

청년 지옥은 기성세대가 만든 것

자기계발 책들은 고진감래의 논리를 들어 은연중에 '열정 페이'를 강요한다. 열정 페이는 어느 한 개인의 희생만 강요하는 것이 아니라 개인을 둘러싼 가족 전체의 열정을 강요한다. 무엇보다 육아 문제는 늙은 부모에게 신세를 지거나 부부 중 한쪽이 노동을 포기하지 않으면 해결할 도리가 없다. 사회 구조적으로 감당해야 할 일이 온전히 개인의 부담으로 떨어져 그 개인이 속한 온 가족이 희생의 도미노에 휩쓸려 고통을 겪는다. 이로써 연로한 부모는 편안한 노후를 포기하게 된다. 정확히 말하면 부모 중 '엄마'의 노후가 희생당한다. 연로한 아버지는 보살핌의 대상이지 육아를 맡길 대상으로 고려되지 않는다.

누구나 안락한 노후를 바라는 것은 당연하다. 자식들을 위해 온 갖 고생을 마다하지 않고 희생해온 우리 부모세대는 자식 세대에 게 거는 기대가 하늘을 찔렀다. '이 좋은 세상에 노력만 하면 뭘 못 하겠느냐'며 자식들을 다그치는 부모세대는 자식의 실패는 뭐든 노력 부족으로 돌렸다. 그러나 자식에게 씌워진 사회구조적 굴레 가 이윽고 자신을 옭아매는 것을 겪으며, 그게 자식 개인만의 문 제가 아니라는 것을 어렴풋하게나마 느낀다.

전에는 연로한 부모를 자식이 부양하는 것이 상식이었다. 그러 나 이제는 연로한 부모가 성가한 자식 걱정을 해야 하는 시대가 되었다. 게다가 편안히 보내야 할 노후에 육아라는 중노동에 시달 려야 하는 신세가 되고 말았다.

이런 사회구조에서 청년들이 정상적으로 사회에 정착하고 가정 을 이루기를 기대하는 것은 난망하다. 이게 다 기성세대가 만들어 놓은 청년들의 지옥이다. 그런데도 기성세대는 사회구조를 바꿀 생각은 않고 청년 개인들에게 자기계발을 강요한다.

왜 사회구조의 모순에는 눈을 감지

멘토들은 하나같이 '인생은 원래 그렇게 고단하고 아픈 거야, 그 또한 지나가는 거야, 그러니 나처럼 참고 노력하다 보면 다 좋아질 거야, 힘내' 하는 식이었다. 청년들은 그런 식으로 보살핌을 받아야 하는 연약한 존재, 아직 자립할 수 없으니 자기를 계발해야 하는 존재가 되었다. 우리 사회는 이렇게 청년들을 보살핌과 자기계발이 필요한 대상으로 전락시켜 한 세대의 권력을 완전히 무너뜨렸다.

더욱 놀라운 것은, 기껏 이런 것들에 위로받은 청년들은 그들이 규정한 자신의 존재를 당연한 듯 받아들이고 그 알량한 위로와 보살핌 뒤로 숨어버린 것이다. 그러는 사이 정작 청년들을 힘들게 하고 아프게 한 사회구조는 더욱 강고해지고 있었다.

멘토들은 약속이나 한 듯이 우리 사회가 가진 구조적인 문제점에는 입을 다물었다. 결국 (본의는 아니겠지만) 불평등한 사회구조에 순응하기를 강요한 셈이 되었다. 《아프니까 청춘이다》의 저자 역시 중소기업의 열악한 현실을 인정하면서도 그것을 오로지 개인의 선택 문제로 호도해버렸다. '백수로 지내면서 불평불만을 일삼

느니 그런 회사라도 들어가 일하라'는 식이었다.

이들은 또 꿈, 열정, 도전, 희망, 비전 같은 달콤한 수사를 청춘만이 누릴 수 있는 권리인 양 선사하면서 청춘을 특별한 존재로 치켜세워 예찬했다. 하지만 이런 건 모르핀처럼 고통을 잠시 잊게 할 뿐 상황을 개선하고 문제를 해결하는 데 조금도 도움이 되지 못한다. 해결책을 제시하는 대신에 끊임없이 환각제를 투여한 셈이다.

사회구조의 문제를 외면한 자기계발의 거짓 복음은 개인을 더욱 참담한 수렁으로 빠뜨렸다. 개인을 둘러싼 사회구조와 마주할 수 없게 하고 그런 사회구조가 개인에게 안긴 문제가 무엇인지 알 수 없도록 했다. 그러니까 모든 문제와 실패는 노력이 부족한 개인한테 있다는 자기계발 논리는 개인을 자기혐오에 빠지게 한다는 점에서 치명적이다.

자기혐오는 곧 사회 전반에 만연하여 자신이 사는 공간을 '헬조선'과 같은 지옥으로 표현하며 혐오하기에 이르렀다. 신기루 같은 힐링의 최면 효과가 사라지자 빈정거림과 냉소를 동반한 분노와 혐오의 감정이 기만의 껍질을 부수고 송곳처럼 튀어나왔다.

잘나가는 패션 디자이너가 젊은 직원에게 열정 페이를 강요하는 것도, 유력 정치인이 인턴 직원을 무급으로 부려먹으려 하는 것도, 자수성가한 CEO가 수습 직원들에게 주는 최저 시급을 아까

워하는 것도 지금까지는 별문제 없이 잘 넘어갔다. 그러나 그렇게 하려던 사람들이 별안간 SNS에서 치욕에 가까운 비난을 받았다. 오히려 박수를 받기도 했던 일에 비난이 빗발치자 무엇이 잘못되었는지도 알 리 없는 그들은 황당했을 것이다.

이제는 스스로 질문을 던질 때

앞서 말한 자기계발 복음들은 솔깃한 거짓말이어서 늘 달콤하게 다가와 바이러스처럼 순식간에 전염되고 퍼진다. 그렇게 개인들은 우리 사회가 구조적 문제를 은폐하고 외면하고 호도하는 동안 부지불식간에 자기 안에 괴물을 키우게 된다.

서울 광화문광장을 비롯하여 전국 도시의 광장에서 국정 농단 세력에 놀아난 대통령의 하야를 촉구하는 촛불이 활활 타올랐다. 4050세대는 물론이고 2030청년들과 10대 청소년들까지도 합세하여 주말이면 광장을 가득 메웠다. 그때 페이스북에 "촛불이 타오른다고 해서 내 앞에 놓인 문제들이 결코 해결될 것 같지 않다. 내게는 일상이 식민지"라는 글을 올린 30대의 대학원생인 그 젊은 역사학 연구자는 그해 겨우내 광장에 나가지 않았다. 아니, 나갈 수가 없었다.

그 대학원생의 선배들, 선생들, 특히 교수들이 시국 선언에 서명하고 목소리를 높였다. 자기 일상에서는 국정 농단 세력이나 다름없던 그들이 그렇게 먼 곳의 부조리를 질타하고 정의로운 척하는 행태를 보면서 젊은 연구자는 한숨을 쉬었다. 자기 제자의 삶과 그것을 둘러싼 구조는 식민지로 만들면서, 광장으로 나가 촛불을 드는 그들이 괴물로 보였다.

그 젊은 연구자가 페이스북에 올린 글은 우리 사회에 대고 절규하는 절절한 촛불이었다. "내게는 일상이 식민지다!" 먼 곳의 부조리를 비판하는 것도 필요하지만 우리가 일상에서 어떤 식민지를 지어내고 있는지도 더불어 살펴보아야 한다. 찬찬히 둘러보면 우리 주변에는 숱한 사회적 약자들이 정작 저마다의 광장에는 촛불을 밝히지 못한 채 울고 있다. 대학에 가지 못한 청소년, 여성, 성소수자, 장애인, 비정규직 노동자, 하도급업자….

이들을 더는 해결책도 없는 순간의 위안과 거짓 희망으로 속여서는 안 된다. 이들이 저마다의 광장에 촛불을 밝히고 잘못된 사회와 정면으로 대면하고 싸우도록 연대의 끈이 되어야 한다.

다행인 것은 젊은 세대가 스스로 질문을 던지고 있다는 사실이다. 자신들을 둘러싼 거짓말에 더는 속지 않겠다는 강력한 신호다. 그런 개인이 점차 늘어나 다수가 되면 우리 사회는 한 걸음 더 옳은 길로 나아갈 것이다.

2016년 5월 28일, 서울 지하철 2호선 구의역에서 혼자 스크린도어를 수리하던 스무 살 청년이 전동차에 치여 숨지는 사건이 발생했다. 단순 사고가 아니라 사건이었다. 책임져야 할 자리에 있는 누구는 그가 작업 매뉴얼을 지키지 않았다고 책임을 떠넘기려 했지만 스크린도어 수리는 규정상 2인 1조로 하게 되어 있었다. 외주업체가 파견한 비정규직인 그에게 부당노동행위를 거부하거나 시정을 요구할 권리 같은 건 없었다.

그 스크린도어에, 더는 기득권을 가진 기성세대의 거짓말에 속지 않겠다는 선언처럼 누군가의 포스트잇이 붙어 있었다.

"너의 잘못이 아니야!"

우리는 이제 우리 시대, 우리 사회의 기만과 부조리와 정면으로 마주하고 거부할 수 있어야 한다. 그것은 내 안의 괴물과 마주하는 것이기도 하다.

삶에서 하나로 정해진 정답이나 절대 기준은 없다. 그런데도 우리 사회는 하나의 길을 정답으로 설정해놓고 모든 노력을 다해 그 길로만 갈 것을 강요한다. 그러니 아이들이 어린이집에 들어가는 서너 살부터 경쟁으로 내몰려, 나이 들어 은퇴할 때까지도 경쟁의 굴레를 벗어나지 못한다.

경쟁에서 두어 번 승리하는 것만으로 잘 산다거나 일을 잘할 수 있다면 그나마 다행이겠지만 인생의 매 순간이 경쟁의 연속이라면 문제는 달라진다. 늘 내일은 오늘보다 나아야 하고, 갈수록 강한 상대와 맞붙어 이겨야 잘한다고 인정받을 수 있다. 따라서 누구든 자기계발을 멈출 수 없게 된다. 1%라도 성장이 안 되면 경제가 당장 망하기라도 할 것처럼 겁을 주듯, 자기계발을 잠시라도 게을리하면 삶이 당장 잘못될 것처럼 겁을 주니 그것을 멈출 수 없게 되는 것이다.

그런데 공부든 일이든 얼마나 잘해야 정말 잘하는 것일까? 어떻게 얼마나 잘살아야 정말 잘사는 것일까?

이 '잘'은 개인의 현재 위치나 역량에 따라, 또 시대나 사회 환경에 따라 천차만별이다. 전교 1등을 도맡아 하던 학생이 어쩌다 전교 2등을 하면 못하는 것이 되고, 전교 꼴찌를 도맡아 하던 학생이 꼴찌를 면하면 잘하는 것이 된다. 그 꼴찌가 반에서 10등만 해도 부모는 너무 잘했다고 동네잔치를 벌일 일이다.

시대에 따라서도 '잘'은 갈수록 더 높은 기준을 요구한다. 손기정 선수가 1936년 베를린올림픽 마라톤에서 우승한 기록이 2시간 29분 19초로, 올림픽 신기록이었다.

오늘날의 기준으로 보면 이 기록은 올림픽 100위에도 들지 못할 테지만 당시에는 올림픽 사상 처음으로 2시간 30분 벽을 허문 대단한 기록이었다. 게다가 2위와는 2분 4초나 차이가 났다.

1908년 런던올림픽에서 우승한 조니 헤이스가 세운 2시간 55분 18초의 기록을 25분 59초나 단축한 기록이다. 해마다 1분씩 빨라져야 더 잘하는 선수가 되는 셈이다.

이후로도 마라톤 기록은 끊임없이 빨라져서 2018년 베를린 마라톤에서 케냐의 엘리우드 킵초게가 2시간 01분 39초를 기록하고 이후 비공식 대회에서 마의 2시간대 벽을 허묾으로써 한 세기 만에 거의 1시간을 단축했다.

사방팔방으로 길을 열어야 한다

우리 사회가 소모적이고 살인적인 경쟁 사회가 되고 만 것은 사회의 지나친 수직 구조와 획일화된 교육에서 비롯한다. 사회는 보스에서 말단에 이르기까지 수직으로 구성된 위계질서가 추상같고, 아이들은 일렬로 세워져 등수 경쟁에 내몰려온 현실에서는 죽어라 하고 경쟁에 매달릴 수밖에 없다. 밥그릇 차지도 전적으로 극단의 등수 싸움으로 결정되기 때문이다. 지금에 와서는 그런 경쟁 구조가 상당히 누그러지고 다양성이 확대되었다지만 그건 겉으로 보기에 그럴 뿐이고 실상은 별로 변하지 않았다. 그렇다면 어떻게 해야 할까?

우선 수직으로 서열화하여 짜인 사회구조를 수평화해야 한다. 서열화한 직업 구조와 의식을 깨지 않는 한 학력 만능주의에 매몰된 교육의 무한 경쟁을 피할 수 없다는 말이다. 뒤에서 다루겠지만 청소부도 의사나 변호사 못지않게 콧대 세우고 행복하게 살 수 있는 독일처럼, 그야말로 직업의 귀천을 없애지 않고서는 백화제방의 의논이 공염불에 그칠 수밖에 없다.

사회를 수평적으로 조직하는 한편으로 획일화된 교육의 다양성을 살려야 한다. 우리의 초중등교육 프로그램은 일제히 대학 진학에 초점이 맞춰져 있다. 대학에 가지 않은 학생은 학교 교육 프로그램에서 완전히 열외로 배제되어 있다. 이것은 진정한 교육이 아니다. 교육이 교육다우려면 대학에 진학하지 않는, 그리고 진학할 수 없는 학생들에게도 교육적 관심이 공평히 나누어져야 한다. 이런 교육의 병폐 역시 학생들을 등수에 따라 한 줄로 세운 획일적 경쟁 시스템에서 비롯한다. 이 줄 세우기에 순응하지 않고 줄에서 이탈하는 학생은 문제아로 낙인이 찍혀 우리 사회 어디에도 발붙일 데가 없다.

그러므로 우리 교육은 아이들의 출발선을 일직선으로 그을 게 아니라 원으로 그려야 한다. 그러니까 서로 다른 자질과 개성을 지닌 아이들을 채찍을 휘둘러 한 방향으로만 내몰 게 아니라 다양한 자질과 개성만큼이나 다양한 방향으로 나아갈 수 있도록, 둥그런 원에서 원하는 방향으로 출발할 수 있게 해야 한다는 말이다.

말로는 창의적 인재 육성을 목이 터지게 외치면서 획일적인 사회 구조와 교육 시스템은 그대로 두는 건 모순이다. 창의력은 다양성에 나온다. 우리 사회의 활로 역시 다양성의 확대에 있다. 삶은 상대적이라면서 절대적인 기준과 질서를 강요해서는 안 될 것이다.

4.
정치가
중요하다

정치가 밥 먹여준다

"정치가 밥 먹여주느냐?"

회식 자리에서 벌어지는 설전 가운데 흔히 터져 나오는 냉소다. 그러면서 정치 얘기는 그만하자고 다그친다.

하지만 실상은 정치가 밥을 먹여도 주고 굶기기도 한다. 그러니 회식 자리의 냉소는 뭘 착각하거나 모르고 하는 소리다. 왜 그런지 한번 따져보자.

우리는 정치 얘기를 하면 흔히 보수니 진보니 하며 편을 가른다. 그런 이념 스펙트럼에는 두 가지 효과가 작용한다. 젊은 시절에 어떤 경험을 했는지에 따라 보수와 진보로 갈리는 것을 세대효과라 하고, 나이가 들어갈수록 보수적으로 변하는 것을 연령효과라 한다. 그런데 우리나라의 산업화를 이끈 60~70대의 다수와 50대의 일부는 고도 성장을 체험한 세대로, '박정희 신화'에 물들어 있다. 실제로 이들은 지긋지긋한 가난에서 벗어나 자가용을 굴리고 모든 가전제품이 갖춰진 쾌적하고 편리한 아파트에 거주한다. 이런 현실은 연령효과에 세대효과까지 더해 더욱 보수적으로 만든다.

그런데 진보 진영은 선거 때만 되면 보수화된 노년층을 설득하여 데려올 생각은 않고 청년층의 투표율부터 탓한다. 청년층과 노년층의 인구 규모부터가 다르고 청년층의 투표율을 끌어올리는 데는 여러 가지 이유로 한계가 있다. 또 투표율을 끌어올린들 그 표가 다 진보 진영으로 온다는 보장도 없다. 그러니 노년층은 포기하고 청년층에 어필하여 선거에 이기겠다고 하는 전략은 번번이 실패할 수밖에 없다.

사실 우리나라 보수 정치집단은 가진 자들과 한패가 되어 기득권 수호 정치를 펴왔고, 사회적 약자를 돌보는 데는 별 관심이 없다. 그래서 청년이든 노인이든 상관없이 그들로부터 실질적인 도움을 받은 적이 없다. 아니, 오히려 약자들이 딛고 선 삶의 터전을 무너뜨려왔을 뿐이다. 그런데도 노년층이 보수 정치집단에 표를 주는 데는 나름의 까닭이 있다. 진보 진영이 먼저 열중해야 할 일은 청년층의 투표율 끌어올리기가 아니라 노년층의 그런 생각을 어떻게 바꿀까 궁리하고 노력하는 일이다.

산업화 시대의 향수에 젖은 노년층은 '박정희 신화'를 정치적 자산으로 삼는 보수 정치집단에 자신을 동일시하면서 맹목적인 충성심을 보인다. 정치적으로 어떤 능력도 보여준 적이 없는 박근혜가 단지 박정희의 딸이라는 이유로 손쉽게 국회의원을 연임하면서 '선거의 여왕'이라는 타이틀을 얻는 데 더해 대통령까지 된 것도 그런 덕분이다. 따라서 세대 접근 방식으로는 노인층의 생각을 바꾸기는 거의 불가능하다. 그러니 이들을 계층 접근 방식으로 설득해내는 수밖에 없다.

진보 진영에 불리한 세대 프레임을 지우는 대신 계층 프레임을 확장하는 것이다. 계층 프레임은 정당이 실시하는 좋은 정책과 그 정당이 내세운 훌륭한 인물을 통해 실현된다. 내가 더 나은 삶을 사는 데 어떤 정당, 어떤 후보를 지지하는 것이 더 유리한지를 판단하도록 판을 깔아야지, 공연히 이념 논쟁이나 세대 논쟁을 벌여서는 승산이 없다.

정치의 기능은 힘없고 빈곤한 다수가 '1인 1표'를 통해 정치적 다수를 이룸으로써 비로소 '1원 1표'를 통한 시장의 불평등을 해소할 수 있다. 그러므로 대중이 정치에 적극적으로 참여하지 않고서는 시장의 불평등을 해소할 길이 없다. 정치를 바꾸지 않고서는 보통 사람들의 삶은 조금도 나아지지 않을뿐더러 더욱 피폐해질 뿐이다. 정치가 바로 내 삶의 질을 결정하는 것이다.

밥을 잘 나누는 것이 정치의 역할

산업화 시대의 고도 성장 기간에는 밥솥의 크기를 늘리는 데 초점을 맞췄다면, 이제 그 밥을 나눠먹는 데 초점을 맞출 수밖에 없는 시점이다. 오늘날 우리 사회는 지나치게 많이 가진 소수와 너무 적게 가진 대다수가 다른 편으로 갈려 있다. 이것이 바로 양극화인데, 누가 무엇으로 양극화를 해소할 수 있을까?

너무 적게 가진 우리가 정치를 통해 그런 문제를 해소할 수 있다. 미국은 민주주의의 토대 위에 세워진 나라지만 불행하게도 신자유주의의 물결에 휩쓸려 불평등이 만연해진 나라다. 국가는 엄청난 부를 이뤘지만, 부의 대부분을 소수의 부자가 차지하고 국민

대다수는 가난하게 산다. 반면에 북유럽 선진국들은 소수가 다 차지하는 대신 골고루 나눠 가짐으로써 불평등이 완화되도록 복지체계를 강화해왔다. 북유럽의 모델은 우리의 현실과는 동떨어져 있어서 현실적인 대안으로 독일 모델을 거론하기도 하지만 독일도 '더불어 같이 살자'는 공존을 사회적 합의로 채택한 사회민주주의 복지국가다. 그런 덕분에 유로존의 위기를 극복하고 유럽의 지도국으로 우뚝 설 수 있었다. 이것은 모두 좋은 정치인들이 모여 좋은 정치로 이루어낸 성과다. 그 좋은 정치인은 바로 표를 쥔 유권자들이 만든다.

우리는 그동안 숱한 선거를 치렀지만 좋은 정치인들을 많이 배출하지 못했다. 기득권을 가진 나쁜 정치인들이 공공연하게 지역 감정을 선동하여 계층적 이해관계에 따른 투표를 방해했다. 그렇게 나쁜 정치인들, 나쁜 정치집단이 득세하는 악순환이 이어져 좋은 정치가 실종한 것이다.

우리 사회가 소득 3만 달러를 넘어 4만 달러로 가는 마당에 굶어 죽은 사람이 나오지는 않겠지만 불평등은 더욱 깊어가고 있다. 다수가 가난한 민주주의 사회다. 이제 다수가 행복한 민주주의로 가야 하는데, 그 열쇠는 정치가 쥐고 있다. 구체적으로 말하면 진보정치 세력의 역량에 달렸다는 얘기다. 진보정치가 제 역할을 해내면 북유럽 모델로 갈 것이고, 그렇지 못하면 미국 모델로 엎어져 영영 헤어나지 못할 것이다.

좋은 정치를 하려면 좋은 정치인이 많아져야 하고, 그런 좋은 정치인의 배출에는 좋은 리더가 있어야 한다. 물론 좋은 리더는 좋은 유권자가 만들어낸다. 그렇다면 좋은 유권자란 누굴까? 정치에 적극적인 관심을 가지고 분명하게 자기 목소리를 내는 사람들이다.

바야흐로 정치의 시대를 열어야 대중도 정치를 통해 자기 삶을 바꿀 수 있다는 희망이 생길 것이다. 정치를 통해 사회 시스템을 바꾸지 않는 한 개개인의 노력만으로는 희망도 키울 수 없고 행복해질 수도 없다. 이제 변화도 혁명도 정치와 선거를 통해 이루어야 한다. 그래야 지속할 수 있고 끊임없이 더 나은 사회를 향해 나아갈 수 있다. 삶을 바꾸려면 정치 말고는 다른 대안이 없다는 현실을 깨달아야 한다.

잇몸으로 살아야 하는 청년의 현실

"나이 드는 것이 비극적인 이유는, 우리가 사실은 젊기 때문이다."

〈살로메〉의 작가 오스카 와일드의 말이다. 마음속에는 아직도 소년 소녀를 품고 사는데 숫자에 불과한 나이에 따른 행동을 강요하는 사회에 대한 일침이다.

나이와 세대에 대한 천편일률적인 규정을 거부한다는 것은 결국 외부의 압력으로 형성되어온 '그 세대답다'는 껍질을 벗어던지고 스스로가 정체성을 새롭게 형성함으로써 삶을 더 역동적이고 주도적으로 살아간다는 의지의 표현이기도 하다. 물론 고령화 사회의 영향이기도 하겠지만 4050의 중년이 자기 세대를 '후기청년'이라는 새로운 이름으로 부르는 것도 사회적으로 규정되어온 기존의 세대 관념에서 벗어나겠다는 의지로 읽힌다.

그렇더라도 그건 시대 변화에 편승한 중년의 희망사항일 뿐, 사회경제 구조상 4050세대는 엄연히 중년층이고 청년층이라면 2030세대가 분명하다. 그런데 우리 사회에서 그런 청년층이 처한 현실은 이가 없어 잇몸으로 살아야 하는 조건으로 내몰리고 있다.

온갖 스펙으로 무장했으면서도 청년들이 겪는 사회적 난민화는 청년세대에만 국한된 문제가 아니다. 가정과 학교에서 일과 사회로의 진출에 유례없는 어려움을 겪는 많은 청년이 사회 밖을 떠도는 난민이 되어가는 가운데 계층 간의 이동 사다리가 무너진 사회는 빈곤의 악순환 구조를 고착시키고 있다.

청년세대가 사회에서 노동을 통해 자기 자리를 마련하기도 전에 연민이나 특별 대책의 대상이 된다는 것은 사회가 건강하지 못하다는 방증이다. 청년세대에게는 불쾌한 일이고, 사회 전체로는 불행한 일이다. 거의 모든 조건이 절벽이 되어가는 절벽사회에서 청년세대에게 노동은 정상적인 삶과 맞닿아 있는 본질이 아니라 단순 생계 유지 수단으로 전락할 수밖에 없다. 아무리 부당하고 불편한 현실이라도 자신을 굴복시키며 적당히 타협해야만 하는 참담한 상황에 계속 노출되기 때문이다.

결국, 자포자기의 심정으로 '답정너'(답은 정해져 있고 넌 대답만 하면 돼) 식의 한정된 선택지 안에서 청년세대는 자신의 삶을 꾸역꾸역 구겨넣게 된다. 더 큰 문제는 그 결과에 대한 선택의 책임이 개인에 전가된다는 것이다. '왜 눈높이를 낮춰 중소기업이라도 취직하거나 험한 일이라도 하지 않느냐'고 다그치는 것이 단적인 예다. 그렇게 훈수하고 다그치는 기성세대는 정작 자기 자식들은 번듯한 직업을 갖게 하거나 직장에 다니게 하려고 기를 쓰는 대신 중소기업의 노동조건을 개선하는 데는 별 관심이 없다.

이렇게 된 데는 청년세대의 이해를 대변할 청년정치가 부재한 까닭도 크다.

정치에 가닿지 못하는 슬픈 메아리

우리나라 인구에서 2030 청년층이 차지하는 비중은 27%에 이른다. 그러나 20대 국회에서 2030 청년 정치인의 비율은 1%에도 못 미치고, 그나마 얼마 전에 치러진 21대 총선에서 좀 늘어난 것이 4.3%다. 지난 2018년 전국 동시 지방선거에서는 전체 당선인 4,027명 중 청년은 6%(238명)로, 국회의원 비율보다는 좀 나은 편이지만 청년 정책에 미치는 영향력에서는 국회에 비할 바가 못 된다.

반면에 50대는 전체 인구의 15%인데, 50대 국회의원은 20대 국회에서 53.7%, 21대 국회에서는 더 늘어 59%나 차지했다.

이렇듯 국회에서 청년층의 목소리를 듣고 정책을 만들어 문제를 해결해나가려는 청년층 의원이 적다 보니 청년 문제는 늘 뒷전으로 밀리게 마련이었다. 2016년에 발의되어 2020년 1월에야 제정된 청년기본법이 그 대표적인 예다.

물론 정치인이 반드시 자신이 속한 세대의 이익만 대변한다고 볼 수는 없다. 또 같은 연령층이라고 해서 유권자들의 정치적 요구가 모두 같은 것도 아니다. 하지만 정책을 결정하는 심장이라고 할 국회가 이렇게 노화된 것은 우리만의 특이한 상황으로, 우리 정치의 어딘가가 잘 되었다는 것을 보여주는 증상이다.

그런데 굳이 청년 정치인이 아니라도 청년층 유권자의 목소리를 경청할 기회는 얼마든지 있었다. 이번 21대 총선은 물론이고 20대 총선 기간 때도 기성 정치권은 여야 할 것 없이 온갖 감언이설과 청년 정책들을 쏟아내며 청년층을 사로잡기 위해 온갖 홍보수단을 다 동원했다. 어떤 후보는 부모의 마음으로 자식을 생각하듯 청년 문제를 해결하겠다고 기염을 토했다. 금세라도 청년들의 나라가 될 것만 같았다.

20대가 국회가 마무리되어가고 21대 국회 개원을 앞둔 지금에 와서 보면 청년 문제를 다루는 기성 정치권의 태도가 얼마나 달라졌을까?

청년 문제는 '일자리' 문제와 '주거' 문제가 가장 크게 대두되었는데, 20대 총선의 공약도 대개 이 두 문제에 집중되었다. 각 정당은 모두 큰 틀에서 청년고용할당제 확대와 청년 구직수당의 필요성에 공감했고, 청년임대주택과 신혼부부 행복주택사업 공약을 공통으로 내걸었다.

청년고용할당제는 공공기관과 공기업이 매년 정원의 3% 이상을 35세 미만 청년 미취업자를 채용하도록 하는 법이고, 청년 구직수당은 미취업 청년들에게 구직활동에 필요한 경비를 지원하는 정책이다. 그러나 총선이 끝나자 이런 법들이 국회에서 발이 묶여 세월을 보내는 사이에 청년들의 현실은 더욱 나빠졌다.

취업난과 부동산 가격 상승 등으로 인해 자연히 주거 취약 계층이 된 청년들을 위한 주거 안정 지원정책 역시 우여곡절 끝에 발의되었으나 상임위에 계류되었다가 오리무중이다. 20대 국회에서 '청년'이 들어간 법안은 65건이 발의되었지만 본 회의를 통과한 법안은 3건에 불과하다. 국회의원의 평균 나이가 55세를 넘고 평균 재산이 40억 원이 넘는다. 이처럼 '명망가 남성 엘리트'를 과도하게 대표하는 우리 국회의 태생적 한계로 보인다.

기성 정치권 내에서도 청년 문제에 대한 국회의 공감 능력과 해결 의지가 크게 떨어진다는 비판이 커지고 있다. 실업, 주거 빈곤, 채무 등으로 사회적 파산 상태인 청년 문제는 정치권에서도 충분히 인질하고 있음에도 불구하고, 국회만 들어가면 그 의제가 실종되는 까닭이다.

기숙사가 없어서 지하방 또는 고시원에 살거나 두 시간 넘게 장

거리 통학을 하는 청년 문제를, 다주택자에다 경제적으로 풍요로운 국회의원이 얼마나 공감하고 대변할 수 있을까. 국회에 청년 당사자가 없어 청년층의 목소리가 과소 대표되는 문제가 심각하다.

자기 세대를 대변하는 정치가 필요하다

청년에 의한 정치도, 청년을 위한 정치도 드문 현실은 우연의 결과일까. 현재의 정치 구조에서는 정당을 통한 청년들의 정치 입문 자체가 쉽지 않다. 그래서 사회적으로 청년세대 문제 해결에 대한 필요성을 공감하고 있음에도 불구하고 실제로 문제를 해결할 여건은 열악한 실정이다.

청년 정치인은 정당에서 차근차근 단계를 밟으며 성장할 터전이 없고, 정당은 인재 발탁이나 인재 양성 대해 진지하게 고민하는 모습이 크게 부족하다. 게다가 더 한심한 것은 청년들이 문제를 인식하고 구태를 지적하면, 그것을 징징거린다거나 시건방진 태도로 인식한다는 것이다. 정당 운영에 아직 민주적이지 못한 면이 많고 시스템이 확립되지 않아 번번이 공천 규칙이나 공정성이 무시되어도 청년당원들이 침묵할 수밖에 없는 배경이다.

오늘날 청년층이 목소리를 높이는 것은 의석을 더 달라는 것이 아니라 왜곡된 정치 권력의 배분 규칙과 의사결정 구조를 바로잡아 달라는 것이다. 이는 여성, 노동자, 성 소수자 등 여러 사회적 약자가 함께 처한 공통 상황이다.

청년층은 돈 때문에도 정치활동을 하는 데 크게 제약을 받는다. 우리 현실에서 정치와 돈은 불가분의 관계다. 정치를 시작하는 순간 가장 먼저 직면하는 벽이 돈 문제다. 당내 경선에서부터 적잖은 금액을 기탁금(후보자 등록비용)으로 내야 하고, 경선에 들어가는 비용도 대부분은 후보 부담이다. 돈이 많이 들어가는 정치 환경은 청년층이 넘기 버거운 진입 장벽이다.

정치 환경을 둘러싼 의견은 다양하겠지만, 우선 유능한 청년들이 돈 걱정 없이 정치에 나설 수 있도록 제도를 획기적으로 개선해야 한다. 더불어 고위 공직자, 가진 자, 갖춘 자만 정치를 한다는 프레임을 깨야 우리 사회의 다양성을 정치에 담을 수 있다.

사실 우리 사회의 의미 있는 변화는 몇 안 되는 젊은 정치인들이 끌어내고 있다. 문제투성이인데도 30년 동안 바뀌지 않던 국군 장병들의 수통을 바꾼 것도 젊은 초선 의원 한 사람이다. 국방위원회에서 다수를 차지하는 장성 출신의 중진 의원들은 그동안 뭘 했을까 싶다.

"젊어 고생은 사서도 한다"는 말로 묵과되던 '청년 건강권'을 청년 기본 조례를 통해 제도의 테두리 안으로 들인 정치인도 젊은 지자체 의원이었다. 이 조례를 근거로 전주시는 청년 대상 무료 건강검진을 지속하여 진행할 수 있게 되었다. 전주시의 정책은 국가 정책으로 확대되어 20~39세 비정규직과 대학생, 영세사업자, 무직자 등 720만 명이 새롭게 제도의 울타리 안에서 건강권을 보장받게 되었다.

현재 우리 정치의 주류 세력이라는 586세대 정치인은 총선마다 55~60%에 이르는 국회의원을 배출하며 가장 많은 정치 권력을 가졌지만, 김용균 같은 비정규직 청년의 목숨 하나 지켜주지 못했다. 이미 너무 많은 것을 가진 그들은 자기 자식들만의 잣대로 현실을 보기 때문에 청년들 대부분이 처한 절박함을 잘 모른다. 586세대는 지금 이 세계를 구성한 사람들이지만, 2030세대는 이 세계를 가장 오래 살아내야 할 사람들이다. 청년층의 문제를 해결하려면 최소한 청년층을 대변하는 데 유의미한 비율의 청년 정치인이 국회에 진출하고 지방정부나 의회에 들어가 정치를 담당해야 한다.

위아래로 낀 세대의 무거운 짐

이제껏 청년층 얘기를 했지만, 사회적 위기는 중년층도 직면하고 있는 현실이다. 게다가 100세 시대가 되면서 전통적인 세대 개념도 달라졌다. 예전엔 노년으로 여겨지던 60~75세까지도 '신중년'으로 불리면서 중년층의 범위가 한층 넓어졌다. 따라서 중년층에 대한 정치·사회적 인식이나 정책도 수정이 불가피하게 되었다.

신중년은 자신이 아직 노년이 아니라고 생각만 하는 것이 아니라 체력도 중년 못지않게 좋고 건강하다. 그래서 웬만한 육체노동도 거뜬히 해낼 수 있다. 실제 건강검진 결과도 10년 전 같은 연령대의 중년보다 체력이나 체질이 한층 개선된 것으로 나타났다.

이 신중년이 사실상 중년층으로 편입되면서 노년층에 대한 인식도 근본적으로 바꾸어야 할 때가 되었다. 이들을 더는 국가가 돌봐야 하는 복지 대상으로만 국한하지 말고, 저출산과 고령화 문제를 극복하기 위한 우리 사회의 새로운 자산으로 활용할 정책 방안을 마련할 필요가 있다. 이는 무엇보다 청년 문제와도 직결되어 있어, 아주 중요하게 고려해야 할 사안이다.

중년층 가운데 50대와 60대는 대부분 명예퇴직을 하고 재취업 걱정을 해야 하는 처지에 연로한 부모 봉양은 물론 성장한 자식 뒷바라지까지 짊어진 이중고, 아니 삼중고에 직면해 있다. 청년 실업 문제와 고령화 문제까지 모두 중년층이 떠안고 있는 셈이다. 조사에 따르면 중년층의 절반이 연로한 부모와 성장한 미혼 자식을 동시에 부양하고 있는 것으로 나타났다. 게다가 그런 큰 짐을 떠안은 중년층의 실업자조차 계속 증가하는 추세여서 중년층의 사회적 위기감이 더욱 높아지고 있다.

중년층의 고통은 청년 실업의 다른 얼굴이다. 많은 청년이 취업준비생으로 기약 없이 부모 집에 얹혀살며 부모에 기대는 기간도 점점 길어지는 추세다. 그런데 자녀가 취업한다고 중년층의 부담이 당장 덜어지는 것도 아니다. 취업하거나 결혼한 뒤에도 계속 부모에게 기대고 사는 경우가 많다. 자녀가 취업이나 결혼 후에도 주거 문제나 육아 문제는 여전히 해결하기 어려운 문제로 남기 때문이다.

평균수명의 증대와 함께 노령인구는 가파르게 늘고 있는데, 그만큼 건강과 소득이 받쳐주지 않아 중년층은 점점 더 많은 짐을 지게 되었다. 평균수명은 해마다 늘어 83세에 이르렀는데, 건강수명은 오히려 줄어 65세 이하로 떨어졌다. 노령인구는 평균수명 기준으로 보면 거의 20년을 병치레로 보낸다는 이야기다. 중년층으로서는 그만큼 노령 부모의 간병 부담도 커진다는 뜻이다.

이렇게 연로한 노부모와 성장한 자식을 한꺼번에 보살펴야 하는 중년층 58%의 월 평균 소득이 300만 원 이하였다. 그 가운데 부모와 자식에게 월 평균 115만 원쯤을 쓰고, 남은 돈으로 살림을 꾸려가야 하는 처지였다. 이들은 가장 필요한 정책으로 중년층 일자리, 보조금 지원, 세금공제 등 가계 보전, 주거비 지원 등을 꼽았다.

전문가들은 세대 간 타협을 통해 정년을 연장하는 동시에 청년층을 위한 일자리를 확대하는 것이 근본적인 해결책이라고 입을 모은다. 우선 정년퇴직을 앞둔 베이비부머 세대에 대한 사회 안전망 구축과 함께 청년층을 위한 정보통신 분야 일자리와 창업 및 벤처 시장 육성이 해답이라는 것이다. 아울러 공공 부문의 일자리를 지속하여 창출해 퇴직한 노년층의 생계를 보장해야 한다는 제안도 나온다.

5.
정치와
정치인에게
필요한 것

정치는 좀 달라야 하지 않을까

"미국에는 영원한 적도, 영원한 친구도 없다. 오직 국익만이
존재할 뿐이다."

이 말은 미국의 닉슨과 포드 행정부에서 7년간 국무장관을 지낸
헨리 키신저가 말해서 유명해졌는데, 미국의 외교 노선, 나아가
국제 외교 관계의 속성을 적나라하게 표현하고 있다.

그건 동서고금이 따로 없다. 우리나라나 중국의 삼국시대 역사
도 영원한 적도 영원한 친구도 없다는 걸 보여준다.

고구려와 백제는 임금이 전사할 정도로 줄기차게 싸웠다. 그러는 중에 신라가 백제를 배신하고 한강 유역을 차지하자 백제는 고구려와 동맹이 되어 신라를 밀어냈다. 이에 신라는 당나라와 친구가 되어 백제와 고구려를 차례로 멸망시킨 후에는 당나라와 적이 되어 사생결단의 전쟁을 벌였다. 하지만 두 나라는 언제 싸웠는가 싶게 곧 국교를 회복하여 친구로 지냈다.

중국 후한 말기에 위·촉·오 삼국이 정립했는데, 촉과 오는 친구가 되어 위에 맞섰지만, 어느 날 느닷없이 오는 촉을 배신하고 관운장을 죽였다. 이에 촉은 대군을 일으켜 오를 공격했으나 대패했다. 그런데도 둘은 곧 화해하고 다시 친구가 되었다.

서양이라고 다를 게 없다. 나폴레옹 전쟁 때 영국, 프로이센, 오스트리아, 러시아는 함께 프랑스에 대항했다. 그로부터 50년이 지나 벌어진 크림전쟁에서는 영국과 프랑스가 손잡고 러시아와 싸웠다. 얼마 후 프로이센은 오스트리아를 공격한 데 이어 프랑스를 격파했다. 이후 한동안 이어진 평화를 깨고 제1차 세계대전이 일어났다. 이때는 영국, 프랑스, 러시아가 친구가 되어 독일, 오스트리아와 싸웠다.

1905년 6월, 일본과 미국은 친구가 되어 가쓰라-태프트 밀약을 맺고 각각 한국과 필리핀을 나눠 가졌다. 그러다가 40년도 못 가 일본이 진주만을 기습 폭격함으로써 둘은 적이 되어 피 터지게 싸웠다. 전쟁이 끝나고 둘은 다시 둘도 없는 친구가 되어 잘 지내고 있다.

국제 간 외교에서는 당연하게 여겨지는, '영원한 적도 영원한 친구도 없다'는 이 말이 어느새 정치판으로 옮겨가 통용되고 있다. 물론 배신이 판을 치는 정치 현실에 대입하면 딱 맞는 말이긴 하지만, 사실 국내 정치에서는 곰곰 다시 생각해봐야 할 일이다.

정치판은 '한번 발을 들이면 좀처럼 빼지 못한다'는 노름판에 흔히 비유된다. 그만큼 중독성이 강한데다가 이해관계에 따라 온갖 야바위 협잡이 판을 친다는 점에서 같다는 뜻이다. 그래서일까. 노름판의 세계를 그린 영화 〈타짜〉에도 예의 '이 바닥엔 영원한 친구도 원수도 없다'는 대사가 등장한다.

노름판이야 그렇다 치고 정치판에서 정말 적과 동지가 수시로 바뀌어도 되는 걸까? 그런 것을 정치라고 할 수 있는 걸까?

정치판에 뛰어든 사람들은 하나같이 "민주주의와 국민을 위해 이 한 몸 바쳐…"를 외친다. 진짜 그런 사람도 있겠지만 그보다 더 많은 사람이 그저 자기 출세와 밥벌이를 위해 정치를 한다. 그러다 보니 일반인이 도저히 이해할 수 없는 언행을 아무렇지도 않게 일삼는다. 어제 한 말을 오늘 뒤집고, 어제의 동지를 적으로 돌리는가 하면, 형편없다고 비난하던 사람을 어느 날 느닷없이 훌륭한 분으로 추켜세운다. 몸담고 있던 당의 지지율이 급속히 떨어지거나 공천에서 떨어지기라도 하면 너무도 쉽게 뛰쳐나와 저주에 가까운 욕설을 퍼붓기도 한다.

그뿐이라면 그나마 다행이다. 자기 당 후보가 떨어지도록 상대편 정당 후보를 몰래 도와주는 이적행위까지 벌어진다. 자기 당 후보가 떨어져야 다음번에 자기가 공천받을 가능성이 열리는데, 당선되어 버리면 거의 기회가 오지 않기 때문이다. 지난 2018년 지방선거에서도 그런 일들이 일어났다. 지난 21대 총선에 나선 사람이 각 당의 공천 과정과 예비선거 과정에서도 탈당하여 무소속으로 출마함으로써 몸담았던 당의 후보에게 칼을 겨누는 일들이 벌어졌다. 누구나 다 억울한 마음이 들고 나름대로 그럴 수밖에 없다는 사정이야 있겠지만 그건 정당정치가 아니라, 민주주의를 부정하는 행위다. 민주주의를 지탱하는 핵심 전제 중의 하나는 (과정이 공정하다면) 결과에 승복하는 태도다. 자기 이해관계에 어긋나면 결과를 부정하고 나 홀로 정의를 부르짖는 것은 정의롭지도 않거니와 민주주의를 파괴하는 행위다.

이 협잡과 배신의 추태를 '정치란 원래 그런 것', '영원한 동지도

적도 없다'는 말로 합리화할 수 있을 것인가?

아니다. 정치란 원래 그런 것이 아니다. 옛날 성현들 말씀을 들먹일 것도 없다. 미국의 노 정치인 버니 샌더스가 정치란 무엇인지를, 정치란 왜 존재하는지를 여실하게 보여주고 있다. '영원한 적도 동지도 없는' 그따위 정치는 진정한 정치가 아니라 협잡에 불과하다는 것도 보여준다. 정치가 자기의 이익을 향하지 않고 오롯이 유권자를 향할 때 그런 변절과 배신은 일어날 수 없다.

"정치는, 그리고 정치인은 왜 존재하는가?"

지난 미국 대통령 선거 민주당 경선에서 또 바람을 일으켰던 버니 샌더스가 새삼 던진, 오래된 질문이다. 그러나 이 오래된 질문은 효력을 잃지 않고, 오히려 더 큰 울림으로 끊임없이 새롭게 던져진다.

정치의 필요성은 인간의 욕망은 무한한 데 비해 이를 충족시킬 수 있는 사회적 가치의 자원은 유한하다는 데서 대두되었다. 이런 의미에서 토머스 홉스는 '만인의, 만인에 대한 투쟁' 상태를 말했으며, 투쟁의 주요 원인이 경쟁, 불신, 영예라고 했다.

이처럼 인간의 끝없는 탐욕에 따른 갈등으로 사회의 안정성이 무너지고 통일된 질서가 허물어진다. 그러나 인간은 누구나 평화로운 세계에서 자유롭고 행복하게 살기를 원하므로, 인간과 인간 사이에 발생하는 이해의 충돌을 적절하게 조정하는 작용이 공동사회에 필요하게 된 것인데, 그것이 바로 정치다.

어쨌든 정치적 인간은 주어진 사회정치적 환경에서 정치 학습이나 경험을 통해 정치인이 되려고 한다. 그러나 참되고 정의로운 정치인이 되는 것은 쉬운 일이 아니다. 그렇다면 정치인으로서 인성과 실력 그리고 품격을 갖추고 정치적 이상을 실현할 수 있는 정치인의 조건은 무엇일까. 이는 일일이 열거하지 않더라도 현실 정치인이 보이는 행태를 반면교사로만 삼아도 충분히 알 수 있다.

문제의 해답도 이미 정치 안에

우리 사회문제의 거의 모든 원인은 정치에 있다. 오늘날 우리의 정치 지형은 사회적 약자를 대변할 정치세력의 성장을 원천 차단하는 구조에 갇혀 있다. 우리의 현행 국회의원 선거제도는 1987년 제정 헌법에 따라 정해진 소선거구제를 30년 이상 유지해왔다. 이런 승자 독식 제도에서는 거대 정당에만 유리한 선거

판이 될 수밖에 없다. 전국적으로 훨씬 더 많은 표를 얻고도 훨씬 더 적은 의석수를 얻거나 사표 심리 때문에 다른 정당에 투표하는 등 선거가 왜곡될 가능성이 크고, 실제로 왜곡되어왔다. 이런 구조에서는 우리 사회의 다양한 계층과 단체의 권익을 대변할 정치세력이 들어설 여지가 없다.

따라서 비례대표 특성을 크게 살린 선거제도 도입이 절실하다. 이번에 개정한 선거제도에서 연동형 비례대표제를 채택하여 기존 제도에서 진일보하긴 했지만, 애초의 구상에서 많이 후퇴한 데다 허술한 구석이 있어 거대 양당처럼 악용할 수도 있다. 거대 양당이 비례대표만을 노리고 위성 정당을 세운 꼼수는 선거법 개정 취지를 완전히 무력화하는 것이다.

그러므로 궁극적으로는 비례대표 특성을 온전히 살리고 제도의 허점 악용을 원천 봉쇄하는 제대로 된 선거제도를 마련해야 한다.

그리하여 소상공인이나 중소기업 또는 자영업자를 대변하는 정당, 취업을 걱정하는 청년을 대변하는 정당, 소외된 노인을 대변하는 정당, 환경과 기후를 생각하는 정당, 사회적 소수자를 대변하는 정당, 원자력발전소 없는 나라를 위한 정당, 동물 복지를 위한 정당, 남북통일과 평화를 위한 정당 등 다양한 계층과 단체를 대변하는 정치세력이 모여 함께 국회를 구성해야 한다. 그래야 불평등 해소에 관한 법안들이 거대 정당들의 이해관계에 발목이 잡혀 자동 폐기되는 일이 없을 것이다.

그렇다. 문제는 바로 정치다. 우리 사회의 해묵은 숙제들은 다 정치의 직무유기 또는 부재 때문에 해결하지 못하고 있다. 재벌 개혁, 검찰 개혁, 선거제도 개혁, 헌법 개정, 사회복지 개선도 다 정치에 볼모로 잡혀 하염없이 표류하고 있다.

특히 지역편중 문제를 비롯해 많은 문제를 안고 있던 선거제도 개혁은 김대중과 노무현 두 대통령 재임 시에 적극적으로 제기되었다.

김대중 대통령은 취임한 1998년 6월에 21세기를 지향하는 총체적 국정개혁 추진을 선언하고 '소선거구제와 지역별 비례대표제를 혼합한 독일식 정당명부제도 도입'을 적극 제안했지만, 야당의 반대로 무산되었다.

김대중 대통령의 뒤를 이은 노무현 대통령은 정치개혁, 특히 선거제도를 꾸준히 성찰하고 연구해온 전문가였다. 그는 "대의민주주의는 본질에서 정당정치이며, 개인이 아니라 정당이 집권하는 것"이라는 소신을 지녔다.

노무현 대통령 역시 우리 현실에서는 독일식 연동형 권역별 비례대표제를 활용하는 것이 바람직하다고 여겼다. 그는 현행 선거제도는 무엇이 문제이며 어떻게 개선해야 하는지, 상세한 기록을 남겼다. 그 요지는 오늘날 우리 정치의 문제점과 해결 방안을 일

목요연하게 짚었다.

   우리 선거제도는 모두 1987년 6월 항쟁 이후 '1노 3김'의 합의로 만들어졌다. 지금도 그때 만든 틀이 거의 그대로다. 결선투표가 없는 단순 다수제 대통령 선거, 역시 결선투표가 없는 국회의원 소선거구제와 빈약한 비례대표 의석, 그리고 영호남을 축으로 하는 지역 대결 구도, 이 모두가 그때 만들어진 것이다.

   개선된 것이라고는 비례대표 의석을 정당 지지율로 나누기 위해 도입한 1인2표제 하나뿐이다. 그것도 국회가 만든 게 아니라 헌법재판소의 위헌 결정 덕분에 겨우 도입할 수 있었다. 20년 넘게 우리의 정당과 정치인들은 이 구조 속에서 경쟁하고 대립해왔다. 지난 21대 총선을 앞두고 개선책으로 도입한 연동형 비례대표제는 알다시피 위성 정당이라는 꼼수에 의해 유린당하면서 결국 개악이 되고 말았다.

   1등만 살아남는 소선거구제가 이성적 토론을 불가능하게 만드는 지역 대결 구도와 결합해 있는 한, 우리 정치는 한 걸음도 앞으로 나아갈 수 없다. 정치가 발전하지 않은 나라가 선진국에 진입한 예가 없다. 이것은 단순한 정치 문제가 아니라 국가의 미래가 달린 과제이다. 국민의 삶을 좌우하는 중요한 문제는 모두 최종적으로는 정치로 수렴되기 때문이다.

이런 정치 구도에서는 정책 개발보다는 다른 지역 정당과 지도자에 대한 증오를 선동하는 것이 훨씬 효과적인 선거운동이 된다. 정책의 차이가 감정싸움으로 번지고, 감정싸움은 몸싸움으로 전환된다. 모든 정당에서 강경파가 발언권을 장악한다. 대화와 타협의 정치가 발붙이기 어렵다. 국회의원을 대폭 물갈이해도 소용이 없다. 이것이 지난 세월 쌓인 우리 정치의 근본 문제였다.

성숙한 민주주의, 대화와 타협의 정치를 이루려면 사람만이 아니라 제도도 바꾸어야 한다. 지역감정을 없애지는 못할지라도 모든 지역에서 정치적 경쟁이 이루어지고 소수파가 생존할 수 있는 제도적 환경을 만들어야 한다. 그래야 인재와 자원의 독점이 풀리고 증오를 선동하지 않고도 정치를 할 수 있다. 국회의원 선거구제를 바꾸는 것이야말로 권력을 한 번 잡는 것보다 훨씬 큰 정치 발전을 가져올 수 있다.

참여만이 바꿀 수 있다

이런 정치 구조를 변화시키고 개혁하는 데는 국민, 특히 젊은이들의 적극적인 정치 참여가 가장 큰 힘을 발휘할 수 있다.

민주주의는 훌륭한 제도만 있다고 실현되는 게 아니다. 민주사회를 구성하는 시민들이 적극적으로 정치에 참여하여 실질적인 민주의 가치를 현실에서 구현해낼 때 민주주의가 실현되었다고 할 수 있다.

시민들의 정치에 대한 무관심이 길어지고 참여가 실종되면 에리히 프롬이 지적한 대로, 시민 대다수는 자기 나라의 운명을 형성하는 데에 자기 목소리를 내거나 자기가 할 일이 있다고 더는 믿지 않게 된다. 또 그들은 자신의 어떤 욕망이나 능동적 행위의 결과로 민주주의를 포기하게 되는 것이 아니라 좌절과 절망 그리고 무관심에서 비롯된 자포자기의 수렁으로 내몰렸기 때문에 민주주의를 포기하게 된다.

오늘날의 민주정치는 대개 대의민주제를 채택하는데, 국민이 선출하는 대표가 의회에서 법을 만들고 정책을 결정하는 의회민주제를 원칙으로 하면서, 국민투표제와 같은 직접 민주적 요소로 보완한다. 그러나 투표를 통해 주권을 행사하는 선거 외에는 정치참여 수단이 제한되어 있고, 정치에 대한 시민의 무관심이 심화하면서 국민의 의사에 따른 정치라는 민주정치 본래의 취지가 구현되지 못하고 있다.

시민혁명은 물론이고 역사상 숱한 시민운동에서 볼 수 있듯이 민주정치의 역사는 시민의 자발적 참여로 자유와 권리를 확보하는 여정을 보여준다. 시민의 정치 참여가 민주정치의 발전에 영향을 미치는 가장 중요한 요소라는 사실을 보여준다.

참여의 진정한 의미는

표현하고 행동하는 것이 바로 참여다. 참여의 오래된 정의는 변질된 대의민주제에 대한 감시와 견제다. 시민이 자신의 대리인을 선출하여 의회로 보내놓았더니 그들 대리인이 시민의 이익에 복무하기는커녕 스스로 권력이 되어 시민 위에 군림하려 들고 자기 자신의 이익에 복무하려 든다. 더 나쁜 것은, 자본 및 언론과 결탁하여 여론을 호도하고 조작하는 한편 중우정치와 금권정치를 획책하여 민주주의를 뿌리부터 흔들어대는 것이다.

세계가 자본주의 메커니즘을 통해 하나로 연결된 오늘날, 정치권력보다는 자본 권력이 시민의 삶을 더욱 구체적으로 더욱 강력하게 지배하게 되었다. 민주정치의 전통은 오래되었지만 급변한 글로벌 환경에 시의 적절히 대처하지 못한 나머지 시민의 권리를 대변해야 할 정치 권력은 자본 권력의 하수인으로 전락해가는 길을 밟고 있다.

그러므로 이제 시민이 자신의 합당한 권리와 주장과 이익을 지키려면 참여의 폭을 넓힘으로써 민주정치를 수호하는 수밖에 없다. 우리가 대리인으로 파견한 정치인들은 대다수가 이미 거대자본과 자기 탐욕에 포섭되어 우리의 권리를 침해하고 민주정치를 망가뜨리고 있다.

그보다 더 우려스러운 것은, 아니 두려운 것은 신자유주의라는 악마의 날개를 장착한 자본주의의 탐욕이 개인의 삶을 파편화하고 생존의 터전인 지구를 망가뜨리는 속도에 가속이 붙었다는 것이다. 미국, 일본과 같은 경제 대국들이 파리기후변화협약 같은 최소한의 온난화 방지 장치를 노골적으로 폐기하고 있으며, 중국과 같은 '세계의 굴뚝'들은 더욱 늘어날 것이다.

아예 협약을 저버린 얼빠진 나라들은 말할 것도 없지만 예의 협약에서 규정한 탄소 배출량 공개나 배출량 감축 목표도 제대로 이행하는 대기업은 그리 많지 않다. 지구촌 거대기업의 80%가 파리기후협약을 준수하지 않고 있는 현실이다.

역사는 참여를 먹고 진보해왔다

"세상을 사는 데 구경꾼이 되어서는 안 되며, 나아가 불의와 부조리에는 분노해야 한다. 주체성을 지니고 참여하는 사람만이 자기 권리를 지키고 세상을 바꿀 수 있다."

프랑스의 외교관이자 작가 스테판 에셀의 외침이다.

그의 참여와 분노는 그의 레지스탕스 활동 이력에서 출발한다. 그는 독일의 유대계 집안에서 태어났는데, 어렸을 때 가족이 프랑스로 이주했다. 나치가 프랑스를 점령하자 드골이 이끄는 '자유 프랑스'에 가담하여 레지스탕스 운동에 투신한 그는, 나치에 체포되어 살해되기 직전에 극적으로 탈출하여 나치의 몰락을 지켜보았다.

레지스탕스 정신을 사회참여 정신으로 승화시켜 널리 전도한 그는 "대량 소비, 약자에 대한 멸시, 문화에 대한 무시, 일반화된 망각증세, 만인의 만인에 대한 지나친 경쟁에 맞서서 평화적 봉기를 일으킬 때"라고 외쳤다. "참여하지 않는 것, 즉 무관심은 중립이 아니라 천부인권을 저버리는 죄악"이며, "연대와 참여는 사람됨을 다하는 책임"이라고 깨우쳤다

그렇다면 어떻게 참여할 것인가?

그는 인류가 해결해야 할 가장 시급한 문제로 경제적 불평등을 꼽는다. 빈부의 극단적인 양극화에 분노하고, 평등의 가치가 퇴보하는 사회 흐름에 맞설 것을 촉구하지만 여기에는 과거보다 더 깊은 성찰과 전략이 필요하다고 충고한다.

과거의 레지스탕스는 기차를 폭파하면 됐지만, 지금은 사람들을 설득하는 한편 현명한 정치인이 당선되도록 선거에 참여해야 한다는 것이다.

"열 사람 중 한두 사람의 적극적인 참여만으로도 역사는 진보하고 있다."

그는 젊은 세대들에게 지나친 낙관론도 문제지만 지나친 비관론은 더 문제라며, 역사의 진보를 긍정하고 적극적인 참여를 통해 당면한 위기를 극복하자고 호소한다.

에셀은 빈곤 같은 사회적 불평등 문제도 환경 문제와 별개로 존재하지 않는다고 주장한다. 빈곤한 국가와 빈곤한 시민이 환경 문제의 가장 큰 피해자가 될 것이기 때문이다. 자본주의는 개발이라는 미명으로 곳곳에서 지구를 파괴하고 있고, 이로 인한 참상은 과거 세계대전의 참상만큼이나 심각하다.

빈곤 국가를 가난의 올가미에 옭아매는 다국적기업의 횡포 또

한 지속 가능한 발전이라는 미명으로 행해지는 지구 파괴의 산물이다. 빈곤 국가를 발전시키려면 다국적기업에 대한 의존도를 줄이고, 학교 교육과 문맹 퇴치, 건강 보장에 주력하면서 농업처럼 땅과 가장 가까운 생산을 장려하여 자급자족을 실현하는 것 외에는 달리 방도가 없다.

참여는 기적의 변화를 부른다

에셀이 미래 세대에게 촉구하는 것은 창의적인 저항과 진정한 참여다. 지금은 저항만으로는 부족한 시대이므로 늘 긴장하고 늘 창조적일 것을 권유한다. 또 무엇이든 단순화하는 버릇은 위험하다며 경계한다. 오늘날의 저항이나 참여는 창의적이고 신중한 사고에 따른 장기적인 전략을 필요로 하기 때문이다. 현명한 정치인을 선택하는 것 역시 창의적인 참여의 하나다.

레지스탕스의 저항정신에 바탕을 둔 에셀의 사상은 '아랍의 봄'으로부터 '월가를 점령하라' 캠페인까지 지구촌 곳곳에서 벌어진 비폭력 저항운동에 영향을 끼쳤다. 그는 어떤 경우에도 포기하지 말라고 한다. 지금의 상황이 암울할지라도, 아무리 노력해도 출구가 보이지 않더라도, 저항이 효과가 없어 보일지라도, 지지 후보가 선거에서 졌더라도, 변화의 속도가 너무 더디게 여겨지더라도 결코 포기해서는 안 된다는 것이다. 결국, 인간의 정신은 진보할 것이고, 인간 존엄성을 향한 인류의 대장정은 멈추지 않을 것이기 때문이다.

"나는 위기로 인한 고통에 대한 대답이 민주적 가치를 지키는 개혁적 민주주의의 힘을 결집하는 데 있다고 본다. 20세기의 유럽은 이데올로기 과잉이었다. 이것은 인간에 대한 모든 신뢰를 잃게 했다. 인간은 그 자체로 충분하다. 전지전능한 안내자를 필요로 하지 않는다. 그래서 나는 공산주의자가 되지 않았다. 반공주의자 역시 되지 않았다. 나는 기존 질서를 파괴하는 혁명적이거나 폭력적인 행위를 통해 변화가 이루어진다고 생각지 않는다. 길게 보면 변화는 행동, 정치적 협의, 민주적 참여를 통해 온다고 믿는다. 민주주의는 목적이다. 그러나 또한 수단이 될 수 있다."

혁신적으로 참여하는 길

민주주의는 정치에서 지켜야 할 보편적인 가치로서 당연한 지위를 갖게 되었다. 그러나 민주주의는 그 높은 이상에도 불구하고 아직도 구체적인 현실에서 다른 가치들과의 갈등 관계에 들어가면 언제든 포기될 수도 있는 허약한 토대 위에 서 있다. 민주주의를 근본에서부터 파괴했던 군사독재를 상징하는 박정희에 대한 향수가 우리 사회에서 공공연히 언급되어온 사실 자체가 민주주의의 취약성을 극명하게 보여준다.

그렇다면 민주주의를 그런 위험에서 지켜줄 강력한 토대를 만들기 위해서는 어떻게 해야 할까?

민주주의는 직접민주주의에서 시민에 의해 선출된 자에 의한 지배, 즉 대의민주주의로 고착되면서 딜레마에 빠지게 되었다. 대의민주주의는 태생적으로 여러 가지 모순과 결함을 안고 있어서 자주 민주주의의 정당성 문제를 일으킨다. 민주주의의 이런 취약성은 시민의 적극적이고 혁신적인 정치 참여만이 보완하고 극복할 수 있다.

우리는 1987년 6·29민주화운동에 힘입어 절차적 민주주의를 복원함으로써 실질적 민주주의를 회복할 수 있게 되었다. 이 변화는 시민사회가 국가와 독점자본에 대항하는 다양한 사회운동을 전개할 수 있는 기반을 마련하기에 이르렀다. 시민운동은 민주주의의 토대를 강화하고 대의민주주의의 약점을 보완해왔다.

하지만 초기 시민운동은 조직화도 약했을 뿐만 아니라 사회문제에 치중한 나머지 정치 문제에 끼친 영향은 상대적으로 크지 않았다. 그러다가 2000년대 들어 시민운동의 역량이 급격히 확대되면서 정치 참여도 활기를 띠기 시작했다. 특정 후보에 대한 낙천·낙선 운동, 매니페스토 운동과 같은 선거 참여 운동은 적극적인 정치 참여 활동의 대표적인 사례다.

이런 시민운동의 정치 참여가 지닌 의의는 크게 두 가지로 요약된다. 하나는 대의민주주의가 지닌 참여의 한계를 극복하기 위한 대안이고, 또 하나는 정당정치에 대한 실망과 한계를 보완하기 위한 노력이다.

절차적 민주주의의 복원 이후 정당정치에 대한 시민의 기대가 컸지만, 현실은 시민들을 크게 실망에 빠뜨렸다. 정당들은 정당 간에 정책 차별성도 없이 여전히 지역 구도에 의지한 정치에서 탈피하지 못한 채 선거에서 승리하는 데만 혈안이 되었다. 이런 작태를 보다 못한 시민운동이 적극적인 정치 참여를 표방하고 나선 것이다.

이때부터 기성 정치인이면서도 줄곧 구태를 깨고 정치혁신을 이루고자 했던 선구자는 노무현이었다. 그는 우리 정치를 오랫동안 왜곡해온 정치의 지역 구도를 깨고자 온몸을 던져 노력했으며, 대통령에서 퇴임한 이후에도 '깨어 있는 시민'을 위한 운동을 멈추지 않았다. 그의 실천하는 행동만이 기성 정치인 중 거의 유일하게 시민운동과 맥이 하나로 닿아 있었고, 시민운동에 영감을 주었다. "민주주의 최후의 보루는 깨어 있는 시민의 조직된 힘"이라는 한마디에 그 모든 것이 압축되어 있다. 민주주의 최후의 보루는 정당도 정치인도 헌법도 아니며, 시민이라는 것이다. 이는 우리 민주주의 투쟁의 역사에서 충분히 겪어온 바이다. 박정희는 국회와 헌법도 간단히 짓밟아버렸지만 깨어 있는 시민연대의 저항만은 끝내 어쩌지 못했다.

시민운동은 전 세계적인 NGO 운동의 하나로 점차 공익성과 전문성을 강화하게 되었다. NGO의 자발적 입법 참여는 입법 과정에서부터 실질적 합법성을 획득함으로써 대의민주주의의 한계를 부분적으로 극복할 수 있게 되었다. NGO의 정치 참여가 공청회 및 토론회, 전문가 활용, 대정부 건의 등 다양한 방식으로 이루어지면서 그전의 정치 시위나 대중선전 등이 대개 실질적인 소득 없이 끝나곤 했던 한계를 많은 부분 보완할 수 있게 되었다.

이제 시민 개개인은 더는 파편화되어 기성 정치에 휘둘리는 정치의 대상이 아니라 깨어서 연대함으로써 정치를 이끌고 변화시키는 정치의 주체가 되어가고 있다. 머잖아 우리 사회는 시민의 높은 정치의식으로 인해 정치의 선진국으로서 세계 민주주의를 선도해가게 될 것이다.

6.
시대정신을
정치에 담는
새로운 길

이제 인류의 시대정신은 배려와 연대

지난 2년은 유례없는 바이러스 재난과 싸운 격동의 시간이었고, 세계의 국경과 일상의 문이 닫힌 채 녹이 스는 멈춤의 시간이었다.

인류는 이 가공할 바이러스를 겨냥한 백신을 개발하여 바이러스 퇴치를 시도했지만, 그보다 더 재빨리 변이한 신종 바이러스가 백신의 방어막을 금세 무력화한 채 다시 창궐하는 모양새다.

이에 따라 사회적 거리두기가 일상화되면서 끝없이 추락하는 오프라인 산업에 반해 비대면 온라인 서비스는 활기를 띠고 있다. ICT 기술에 능숙한 젊은 나홀로족 덕분에 인터넷 쇼핑몰, 음식배

달 플랫폼과 넷플릭스의 매출은 급증해 거리는 택배기사와 배송 차량으로 북적인다. 불과 얼마 전만 해도 먼 미래의 일로만 여겨지던 4차 산업혁명의 언택트 기술이 어느새 우리 곁에 쑥 들어왔다. 그런가 하면 ICT 기술에 소외된 부류나 계층은 생존을 걱정해야 할 지경이다.

"과학 발전은 점진적으로 이뤄지는 게 아니라 패러다임 변화에 따라 혁명적으로 진행되며, 이 시대의 과학혁명은 코로나 바이러스와 같은 미지의 전염병으로 촉발된다."

요즘 변화하는 세상을 보고 있자면, 미국의 과학사학자 토머스 쿤의 주장처럼 변화는 가히 혁명적이다. 그에 따라 사회의 패러다임이 일시에 바뀌는 세상이다. 거의 모든 직장에서 대부분의 회의가 칸막이 안에서 마스크를 쓴 최소 인원만으로 진행되며, 전 직원 간의 소통은 유튜브로 현안을 소개하고 의견을 청취한다. 언택트 소통이 새로운 일상으로 자리 잡아 가고 있다.

그러는 가운데 최근 급속도로 퍼지는 신종 변이 코로나바이러스를 보면서, 동시에 유례없이 신속하게 개발되는 백신과 치료제를 보면서 바이러스 재난으로부터 인류를 구할 수 있는 것은 개방하여 공유하는 과학에 기반을 둔 글로벌 공동전선 구축이라는 사실이 명백해졌다. 이제 인류는 과거의 무한경쟁, 승자독식의 패러다임에서 공존을 도모하는 운명공동체로 전환해야 한다. 안으로는 서로의 안전을 위해 사회적 거리두기의 불편을 기꺼이 감수하는 배려가, 밖으로는 국가 간의 연대와 협력이 바로 우리 인류가 생존하는 길이다.

두렵지만 가야 하는 '새로운 길'

오늘날 우리는 이제껏 한 번도 가보지 않은 길을 가고 있다. 그야말로 모든 게 유례가 없는 세상이 되었고, 우리는 그 안에서 새로운 길을 모색할 수밖에 없게 되었다.

새로운 길, 하니까 내가 가장 좋아하는 윤동주 시인이 생각난다. 식민지 백성으로 태어난 그는 늘 해방의 꿈을 안고 새로운 길을 열망했다. 바이러스 재난 속에서 더 고독해진 우리 역시 새로운 길을 열망하게 되었다. 그걸 어찌 윤동주의 고난에 비할까 싶지만, 그의 시에서 커다란 위안을 얻는다.

내를 건너서 숲으로

고개를 넘어서 마을로

어제도 가고 오늘도 갈

나의 길 새로운 길

민들레가 피고 까치가 날고

아가씨가 지나고 바람이 일고

나의 길은 언제나 새로운 길

오늘도… 내일도…

내를 건너서 숲으로

고개를 넘어서 마을로

일제강점기에 태어나 그 시대를 살다가 그 시대가 끝나기 전에 적국의 감옥에서 절명한 시인 윤동주의 시 〈새로운 길〉이다. 이 시는 연희전문 재학 시절에 썼다는데, 1938년 무렵이니 일제가 한민족 전체를 전시 총동원체제의 수렁으로 몰아넣던 때다. 자연히 시인이 참담한 민족의 현실을 자각하던 시기였고, 이에 맞서 자신의 시 세계를 만들어 가는 처절한 몸부림의 시기였다. 윤동주는 부조리한 시대에 치열하게 맞서 자기완성을 향해 나아가고자 하는 의지를 이 시에 담았다.

윤동주는 우리가 가장 애송하는 〈서시〉에서도 "그리고 나한테

주어진 길을 걸어가야겠다"며 새로운 길을 모색하고 열망한다.

일제의 강제 징집을 피해 떠난 일본 유학 시절, 그는 세계 전쟁의 소용돌이 속에서 〈쉽게 씌어진 시〉를 부끄러워하며 "인생은 살기 어렵다는데 시가 이렇게 쉽게 씌어지는 것은 부끄러운 일이다. 육첩방은 남의 나라 창밖에 밤비가 속살거리는데, 등불을 밝혀 어둠을 조금 내몰고, 시대처럼 올 아침을 기다리는 최후의 나"를 노래한다.

시대처럼 올 아침, 그때는 언제인가. '너를 살려야 내가 사는' 세상이다. 배려와 연대의 시대정신으로 우리의 삶에 대한 태도가 변화한다면 그 아침은 내일 아침이 될 수도 있다.

"정치는 한 사람의 힘이다. 한 사람이 내 아이디어를 다른 사람에게 전달하고
그 사람이 동조해 세상을 조금씩 바꿀 수 있으면 그게 정치다.
모든 사람이 정치인이고 나는 그렇게 정치한다."

4장

나는 세상을 바꾸고 싶다

1.
정치를 바꾸는
여기서부터의
변화

정치의 시작은 '지금 여기의 나'로부터

우리는 정치라고 하면 흔히 정치인이나 하는 거창하고 골치 아픈 일로 여기면서 우리 일상과는 상관없는 것으로 치부하기 쉽다. 그러나 바로 이런 인식이 나쁜 정치, 자격 미달의 정치인을 양산해오면서 우리 삶의 질을 떨어뜨리는 부메랑이 되었다.

사실 정치는 이웃과의 층간 소음 문제를 해결하는 것으로부터도 시작되고, 우리 아이 등굣길의 안전을 생각하는 모임으로부터도 시작된다. 하다못해 누구와 함께 밥 먹는 일로부터도 시작되는 것이 정치다. 그리고 그 중심에는 반드시 '나'가 있다.

군이 아리스토텔레스를 들먹이지 않더라도 우리는 "일상이 정치이고, 정치가 일상일 수밖에 없는 세상"에 살고 있다.

"정치는 한 사람의 힘이다. 한 사람이 내 아이디어를 다른 사람에게 전달하고 그 사람이 동조해 세상을 조금씩 바꿀 수 있으면 그게 정치다. 모든 사람이 정치인이고 나는 그렇게 정치한다."

스웨덴의 역대 총리 중 가장 사랑받는 정치인이라는 올로프 팔메의 말이다. 재임 중 역대 어떤 총리보다도 국제 문제에 적극적으로 개입하여 세계 평화와 정의와 자유 수호에 헌신한 그는 암살당하기 일주일 전인 1986년 2월 21일, "만약 세계가 아파르트헤이트를 철폐하고자 결심하면, 아파르트헤이트는 사라질 것"이라는 마지막 연설을 남겼다.

전체의 변화도 부분으로부터

나는 사업과 함께 본격적인 사회생활을 시작했고, 또 그때부터 정치활동도 시작했다. 나의 정치활동이란 나와 내 주변이 더 편안하고 행복하도록 사소한 일부터 변화시키고 바꾸는 것이었다.

그래서 나는 내가 사는 아파트 동 대표로도 활동하고, 우리 회사가 입주해 있는 벤처타운에서 400여 업체를 대변하는 협의회 회장으로도 활동해오고 있다. 나아가 우리 마을, 우리 지역, 더 나아가 수원시를 위하는 일이라면 이해타산 없이 발 벗고 나섰다.

세상을 비판하는 일도 중요하겠지만, 정작 세상을 바꾸는 것은 지금 여기의 나로부터 시작된다는 사실을 일찍이 잘 알고 있었기 때문이다. 나의 활동은 요즘 말하는 생활 정치다. 지금 여기를 바꾸는 작은 파동이 다른 파동을 부르고, 그런 수많은 파동이 모여 점점 더 큰 파동으로 번져 마침내 거대한 해일로 전체를 바꾸는 힘이 된다.

"촛불 이후 시대인 오늘날의 중요한 과제는 공정, 평등, 평화를 우리 사회에 정착시키는 것입니다. 무엇 하나 쉽지 않고, 더 큰 노력이 필요하지요. 그렇다면 구체적으로 어떻게 해야 과제를 풀 수 있을까요? 우선, 정치를 바꿔야 합니다. 불공정한 불법 채용도, 정규직과 비정규직의 불평등함도, 한반도의 평화도, 정치가 움직이면 바꿔낼 수 있기 때문입니다. 그것이 민주주의입니다. 민주주의 체제가 아니라면 쿠데타 등 폭력적인 방식으로 자기주장을 관철할 수 있겠지만, 민주주의 체제에서는 정치를 통해서만 사회가 변화할 수 있습니다."

생전의 노회찬 의원이 2018년에 행한 연설 〈우리가 꿈꾸는 나라〉에서 말한 정치의 역할이다.

이제 더 큰 정치마당으로 나가려는 나는 '우리가 꿈꾸는 수원'을 생각하면서 지방정부의 역할과 지자체장의 리더십에 대해 고민해 왔다. 그것은 대략 4가지로 정리되었다.

첫째, 자치분권 시대의 주인은 시민이다. 이를 뒷받침하는 촛불 지방정부가 되어야 한다. 촛불 혁명으로 각성한 시민은 행정서비스의 소비자를 넘어 행정서비스의 공동 생산자다. 지방정치는 시민이 정책 과정에 직접 참여하여 그 의사를 반영할 수 있다. 그래서 지방정치는 일상에서 이루어지는 생활 정치다.

둘째, 지방정부의 존재 이유는 시민의 삶의 문제를 해결하고 삶의 질을 향상하는 데 있다. "대통령은 원칙을 말하지만, 시장은 쓰레기를 줍는다." 미국의 정치학자 벤저민 바버가 《뜨는 도시, 지는 국가》에서 한 말이다. 이처럼 시민과 가장 가까이에 있는 지방정부는 시민의 삶의 현장을 지키는 든든한 울타리가 되어야 한다. 지역 주민으로서는 저 멀리 있는 국립중앙도서관이나 국회도서관보다 걸어서 5분 거리에 있는 동네도서관을 더 필요로 한다. 그러므로 지방정부는 거창한 개발행정이나 전시행정이 아니라 시민의 생활 속에서 삶의 질을 높이는 사업을 적극적으로 발굴하여 펼치는 노력이 필요하다.

셋째, 지방정부는 사회 혁신의 근거지가 되어야 한다. 민선 지자체장 시대가 시작된 이후로 지방정부마다 주민 복지를 위한 혁신 정책을 봇물 트듯 내놓음으로써 중앙정부가 못 한 많은 일을 해왔다. 이런 혁신은 지방정부 간에 연대와 협력을 통하면 훨씬 더 큰 시너지 효과를 낼 수 있다.

넷째, 새로운 대한민국은 대통령의 손에만 달려 있지 않다. 바로 지방정부에서부터 시민과 함께 그 토대를 만들어야 한다. 흔히 외과 의사의 필요조건으로 매의 눈, 사자의 심장, 어머니의 손을 꼽는다. 이는 지방정부를 이끄는 리더십이 갖춰야 할 조건이기도 하다.

'나'의 권리를 포기하는 것은 '우리'의 미래를 포기하는 것

"거짓말쟁이가 받는 최고의 벌은 아무도 자기 자신을 믿어주지 않는다는 것이다."

이는 거짓말에 관한 오래된 격언이다. 그러나 아일랜드의 작가 조지 버나드 쇼는 이 격언을 한 번 더 뒤집어놓는다.

"거짓말쟁이가 받는 최고의 벌은 사람들이 그를 믿어주지 않는다는 것이 아니라 그 자신이 아무도 믿을 수 없게 된다는 것이다."

그렇다면 나쁜 정치인이 받는 최고의 벌은 뭘까? 그것은 바로 무관심이다. 나쁜 정치인은 애초에 국민의 삶에는 관심이 없어서 그렇게 된 것이므로 국민 역시 그런 정치인에게 관심을 끄게 된다. 나는 여기서 한 번 더 뒤집어놓고 싶다.

"나쁜 정치인이 받는 최고의 벌은 그에 대한 국민의 무관심이 아니라 그가 만든 나쁜 정치에 그 자신이 맨 먼저 희생된다는 것이다."

그런데 나쁜 정치인보다 더 나쁜 사람이 있다. 정치에 무관심한 사람이다. 그의 무관심이 나쁜 정치인을 만들기 때문이다. 만약 내가 정치에 무관심하다면, 나 한 사람의 문제에 그치지 않는다. '나'의 권리이니 내 맘대로 포기하는 것은 바로 '우리'의 미래를 함부로 내던져버리는 것이다.

우리가 더불어 사는 세상은 특정한 누구 한 사람이 아니라 너와 나, 우리가 정치를 통해 만들어간다. 그러나 우리가 정치에서 관심을 거두고 정치에 참여하지 않게 되면, 플라톤이 우려한 상황에 직면할 수밖에 없다.

"정치를 외면한 가장 큰 대가는 가장 저질스러운 인간들에게 지배당하는 것이다."

대통령 선거를 앞둔 우리 정치 꼴을 보면, 플라톤의 우려가 현실이 될 것 같은 불길한 느낌을 지울 수 없다.

그런데 사람들은 삶이 고달플수록 정치에서 더 멀어지고 무관심해지고 냉담해진다. '대통령, 도지사, 시장 하나, 국회의원이나 지방의원 몇 바뀌어봤자 내 삶이랑 무슨 상관이냐'고 냉소한다. 당장 피부로 느끼는 삶의 질이 나아지기는커녕 외려 더 나빠지니 슬며시 들었던 기대감마저 이내 실망감으로 바뀌고 만다.

이런 상황이 되풀이되면 사람들은 그나마 가졌던 일말의 관심마저 끊어버리고 정치가 어찌 되든, 정치인이 무슨 나쁜 짓을 일삼든 아예 보지도 듣지도 않게 된다. 그저 굿이나 보고 떡이나 먹자는 구경꾼이 되는 것이다. 이러면 세상은 영영 바뀌지 않게 된다. 아니 더 나쁜 쪽으로 기울게 마련이다. 굿판은 끝나면 떡이라고 돌리지만, 정치판은 한번 나쁜 길로 빠지면 구경꾼에게 떡을 돌리기는커녕 있는 떡마저 빼앗아가고 만다.

그러니 정치판에서는 구경만 하는 사람은 절대로 떡을 얻어먹을 수 없다. 정치와 정치인이 나아가야 할 길을 주권자인 국민이 제시하지 않으면, 결국 정치는 일부 나쁜 정치인이나 정당을 위한 그들만의 놀이터가 되고 말 것이다.

2.
수원의
현실 혁신을 위한
미래 비전

수원이 '특례시'가 되어서 더 행복해진 시민들

"수원시민 한 사람으로서 행복한 느낌이 듭니다. 어머니께서
90세이신데 노인에 대한 의료복지 확대와 서비스가 높아지는
것을 기대합니다."

지난 2022년 1월 13일, 수원시가 용인, 고양, 창원과 함께 특례
시가 되면서 그에 따른 기대를 담은 한 수원시민의 소감이다.

개정된 지방자치법이 시행되면서 인구 100만 명 이상 도시가
특례시로서 광역시에 상당하는 권한을 부여받는 것이다.

해당 지자체 주민들이 체감할 수 있는 가장 큰 변화는 복지혜택의 확대다. 사회복지 급여에서 기존에는 인구 10만에 불과한 일반 도시와 같은 기준을 적용받았지만, 특례시가 되면서 광역시 기준으로 상향 조정된 것이다. 구체적으로는 기본 재산 공제액이 상향되면서 지금까지 기초생활보장 수급자나 차상위 계층에 선정되지 못한 가구 가운데 상당한 가구가 혜택을 받게 되었다. 수원시에서는 그 혜택 대상이 기존보다 2만 명가량 늘어난다.

또 산업단지 인허가 같은 중요 사안도 도를 거치지 않고 특례시가 직접 처리할 수 있어 보다 신속한 사업 추진이 가능해진다. 게다가 지방재정 분야의 늘어난 예산으로 교통과 교육, 문화시설 확충 등 해당 지자체의 다양한 변화를 꾀할 수도 있게 되었다.

행정적인 변화도 적지 않다. 지방자치법 시행령에서는 특례시가 직접 처리할 수 있는 도의 사무를 명시했다. 앞에서 말한 산업단지 인허가를 포함하여 건축물 허가, 지방공기업법에 따른 지역개발채권 발행, 지방연구원 설립 및 등기, 택지개발지구 지정(도지사 사전 협의 필요), 개발제한구역 지정 및 해제에 관한 도시·군 관리계획 변경결정 요청(도지사 사전 협의 필요), 농지전용 허가신청서 제출, 지방공무원의 정원 범위에서 책정하는 5급 이하 직급별·기관별

정원 등의 사무 처리 같은 주요 행정 업무를 이관받게 된 것이다.

이런 제도 변화에 따른 혜택도 거저 얻어진 것이 아니다. 시민들이 적극적인 정치 참여로 힘겹게 끌어낸 정치적 성취다. 해당 도시들의 연대도 크게 한몫했다. 참여와 연대가 정치를 움직이고, 우리의 미래를 밝힌다. 이렇듯 정치는 밥 먹여주는 것이므로 우리는 정치를 밥 먹듯이 얘기해야 하고, 나아가 밥 먹듯이 참여해야 한다.

수원의 현재를 보면 미래가 보인다

인구 120만 수원이라 하지만, 면적은 비슷한 인구 규모의 대도시들에 비하면 절반에도 미치지 못한다. 가령 인구 145만 명의 광주광역시는 면적이 501km에 이르지만, 수원시의 면적은 121km²로 그 절반에도 못 미친다. 심지어 인구가 더 적은(116만) 울산광역시의 면적(1,060km²)에 비하면 3분 1에도 못 미친다.

하지만 전체 면적만 넓다고 해서 더 큰 도시라고 할 수는 없다. 여기에는 함정이 있다. 다른 대도시들이 인접 군을 통째로 편입할 때 수원시는 옛 수원군 지역의 아주 일부만 편입하고, 나머지는 화성, 오산, 평택 같은 인근 도시를 편입함으로써 통합 수원시의 면적이 상대적으로 좁아진 것이다. 하지만 농촌 지역을 제외한 도시 지역만 따지면 수원은 비슷한 인구의 다른 도시들보다 작다고 할 수 없다.

이런 사정으로 선거철만 되면 수원의 정치인들을 중심으로 통합 광역시 얘기가 나오곤 한다. 수원권으로 분류되는 수원시, 화성시, 오산시 중 수원시는 본산이나 원류 이미지가 있다. 그래서인지 뿌리가 같은 세 지역을 통합하여 수원광역시를 만들자는 얘기가 선거 공약 물망에 오르는 것이다. 만약 이런 얘기가 실현된다면 수원은 인구 220만에 면적 852km²로, 서울, 부산, 인천, 대구에 이은 전국 5대 도시가 된다.

그런데 중심 역할을 할 수원시가 동북쪽에 치우쳐 있으며, 화성시와 오산시는 생활권이 수원으로 집중되어 있지 않은데다가 두 시가 여러 가지 이유로 통합에 부정적이어서 당장은 실현 가능성이 희박하다.

그래서 우선 수원시와 단일생활권을 이루는 병점, 동탄신도시, 봉담 지역을 통합하자는 얘기도 나온다.

하지만 나는 이런 식의 통합으로 도시의 규모만 키우는 것이 능사라고는 생각지 않는다. 정작 문제는 다른 데 있다. 수원시의 1

인당 지역내총생산이 울산시의 절반에도 미치지 못할 정도로 낮다는 것이다. 올해 예산만 봐도 2조8,747억 원으로, 울산시의 4조 3,004억 원에 비하면 67%에 불과하다. 구체적으로 들어가 학생 1인당 교육예산을 보면, 수원시(92만 원)는 울산시(640만 원)의 7분의 1에 불과하다. 교육도시라는 말이 무색할 지경이다.

통합이든 분리든 가장 중요한 기준은 주민의 복지와 행복이 되어야 한다. 물론 지역 발전의 시너지 효과도 중요하게 고려해야 하겠지만 말이다.

이런 관점으로 우리 수원시의 현황과 미래 비전은 5개 생활권역으로 나눠 짚어볼 수 있다. 2030년 수원시 도시기본계획을 북수원, 서수원, 동수원, 화성, 남수원의 5개의 생활권역으로 분류하여 수립해 있기도 하다.

먼저, 화성 생활권은 수원의 원도심 생활권으로, 교통 및 문화의 중심지다. 교통의 중심 역할을 하는 수원역, 수원의 상징과도 같은 수원 화성, 시의 심장인 시청, 수원의 대표 상권, KBS경인방송센터와 경기도문화의전당 등 주요 문화시설도 이곳에 있다.

이 권역의 동편은 매탄권선지구와 함께 개발된 신도심 지역이고, 서편은 수원 화성과 연관된 원도심 지역이다. 2030년 수원시

도시기본계획에서는 이 지역을 문화, 관광, 중심상업 특화지역으로 분류하고 있으며, 수원 화성을 중심으로 한 문화관광 기능을 강화하고, 도시 재생을 통한 쾌적한 도시환경을 조성하며, 수원역 ~장안문 간의 지역 상권을 활성화하는 것을 목표로 하고 있다.

다음은 동수원 생활권으로 수원시의 경제, 산업, 행정 및 교육의 중심지다. 삼성전자 본사 소재지인 삼성디지털시티, 나노테크&바이오테크 특화단지로 조성되고 있는 광교테크노밸리가 여기에 있다. 뛰어난 교통 편의성을 기반으로 수원의 대표적인 신도시 광교신도시와 영통지구, 매탄지구가 이곳에 조성되었다. 경기도의 주요 대학인 아주대, 경기대 등 교육기관과 법원, 검찰청 등 정부기관이 들어서 있으며, 경기도청이 광교신도시에 신청사로 들어서 행정 중심지 역할도 하게 된다.

2030 수원시 도시기본계획에서는 이 지역을 첨단산업, R&D, 광역행정, 산학연 융·복합 특화지역으로 분류하고 있으며, 경기도청 신청사 광교신도시 이전과 수원컨벤션센터 건립을 통해 광역 행정·업무 기능을 키우고, R&D 연구시설을 유치하여 첨단 연구개발 기능을 강화하며, 산학연 연계를 통한 융·복합 기능을 강화하는 것을 목표로 하고 있다.

셋째, 북수원 생활권은 수원시의 관문이자 핵심 주거지로, 광교 산을 끼고 있어 자연환경이 좋은 지역이다. 서울과 지리적으로 가 장 가까운 데다가 교통편도 편리해서 서울 통근권의 성격이 강한 지역이기도 하다.

2030년 수원시 도시기본계획에서는 이 지역을 주거, 친환경·생 태, 여가 특화지역으로 분류하고 있으며, 시가지 정비를 통한 주 거 및 생활편의시설 확충, 역세권 복합용도 개발을 통한 지역상 권, 문화, 공원 기능 강화, 우수한 자연환경을 바탕으로 한 자연생 태 보전 및 여가 기능 강화를 목표로 하고 있다.

넷째, 서수원 생활권은 수원시의 신흥 주거지역이자 도시 농업 및 균형 발전의 중심지다. 논밭을 볼 수 있는 지역으로, 북수원과 같이 자연환경이 잘 보존된 곳이다. 농촌진흥청이 있던 서호 일대 에서는 도시농업이 행해지고 있다.

2030년 수원시 도시기본계획에서는 이 지역을 도시농업 및 친환 경주거 특화지역으로 분류하고 있으며, 공공기관 종전부지 및 개발 가용지 등을 활용한 도시농업을 육성하고, 낙후된 서수원 지역 개발 을 통한 동·서수원의 균형 발전을 도모하며, 친환경생태주거단지 조 성을 통한 친환경 주거기능을 강화하는 것을 목표로 하고 있다.

다섯째, 남수원 생활권은 수원시의 남쪽 관문이자 화성, 오산으로 통하는 길목, 그리고 수원시 미래 발전의 중심지다.

2030년 수원시 도시기본계획에서는 이 지역을 신성장 동력산업, 첨단 부품, 지역 산업 특화지역으로 분류하고 있으며, 산업단지를 조성하여 지역 산업기반을 강화하고, 수원·화성·오산 통합을 대비한 광역 기반시설을 조성하며, 군 공항 이전 시 신성장동력산업을 유치하여 지역 발전을 도모하는 것을 목표로 하고 있다.

앞에서 수원의 경제 규모와 예산을 울산과 비교했지만, 사실 무리한 비교다. 울산은 우리나라의 대표적인 산업도시인 데다 중화학공업의 본산과도 같기 때문이다. 그에 비하면, 수원의 경제는 삼성전자 하나로 대표된다고 해도 과언이 아니다. 물론 수원을 모태로 시작된 기업(선경직물)인 SK도 아직 일정 부분 발을 걸치고 있고, 최근의 산업단지, 테크노밸리, 사이언스파크, 테크노폴리스 등 점차 규모를 키우고 있지만 말이다.

특히 매탄공업단지의 큰 건물은 거의 삼성 관련 시설이라고 보면 틀림없다. 무엇보다 삼성전자와 삼성전기의 본사가 수원에 소재하여 수원시 세수 확보에 아주 큰 몫을 담당하고 있다.

수원은 경기도청 소재지여서 행정 인프라가 뛰어나고, 교육 및 의료 인프라도 뛰어난 편이다. 특히 크고 작은 의료기관이 수원시 전역에 고루 퍼져 있어 의료 서비스는 충분하다. 다만, 병원급의 대형 의료기관이 동수원에 편중되어서 서수원 주민들이 다소 불편했는데, 신규로 대형 병원이 건설되고 있어서 점차 불편이 해소될 것으로 보인다.

3.
살기 좋은
환경수도
수원 만들기

세계적인 환경도시를 향한 발걸음

"지구적 환경 위기의 원인이 환경 용량의 한계를 넘어 물질적 풍요를 추구해온 사람들의 욕망으로 비롯된 것임을 깊이 반성하며 수원시민은 도시의 공간계획과 정책, 시민의 생활양식 전반에 변화의 필요성을 공감한다."

10여 년 전에 발표된 '환경수도 수원 선언문'의 한 대목이다. 2030년까지 2005년 대비 40%의 온실가스를 감축하겠다는 목표를 구체화하며 녹색행정, 녹색경영, 녹색생활 등 수원시 전 분야에서 환경이 우선 고려될 것이라는 의지가 담긴 선언문이다. 수원시를 비롯한 수원시의회 등 공공기관과 수원의제21추진협의회 등 시민단체들이 '환경수도 수원 선언'을 발표해 환경 도시로의 발전하는 기초를 마련한 것이다.

실제로 수원시는 이런 의지를 실현하고자 행정조직에 환경 전담팀을 투입했다. 기후 변화와 에너지 행정을 전담할 기후대기과를 신설하고 관련 세부 팀을 조직하여 운영해오고 있다.

환경수도를 향한 수원의 의지는 국제적으로 보폭을 넓혔다. 기후 변화에 대응하고자 마련된 각종 국제협력 프로그램에 참여하면서 환경도시로서의 위상을 높이고, 이를 국내 다른 지자체들에 전파하면서 환경수도의 위상을 갖기에 이른 것이다.

일찍이 ICLEI(이클레이, 지속가능성을 위한 세계지방정부)에 참여해온 수원시는 이클레이 한국사무소를 유치해 운영하면서 생태교통 수원 2013 등의 세계적인 행사를 개최했다.

그런가 하면 2011년에는 멕시코시티 협약에 공식 서명하면서 cCR(기후등록부, 세계기후도시협약에 참여해 성과관리 등을 정기적으로 보고하는 시스템)에, 2013년부터는 CDP(탄소 정보 공개 프로젝트)에 참여해오고 있다.

여기에 지자체로부터의 상향식 탄소중립 달성 실천을 위해 '탄소중립도시 지방정부 실천협의회'의 구성에도 주도적으로 참여하고 있다. 환경수도로 향하는 수원시의 노력은 2030 지속가능 발전 목표를 통해 더욱 구체적으로 다듬어졌다.

첫 번째 목표는 모두를 위한 착한 에너지로 기후 변화에 대응하고, 에너지 자립과 재생에너지 등 착한 에너지 생산 및 절약, 에너지 복지, 생태교통을 확산하고 대기 질을 개선하는 것이다.

두 번째 목표는 건강하고 조화로운 생물다양성 조성을 위해 8대 깃대종 등의 서식지를 모니터링하고 경관생태보전지역을 확대 관리하는 것이다. 이를 통해 생물다양성 교육을 정착시키고 시민 참여를 끌어냄으로써 지속 가능하도록 하는 것이다.

세 번째 목표는 깨끗한 물 순환 도시가 되도록 하천생태계를 관리하고 수질을 개선하며, 시민이 참여하는 물 관리 체계를 수립함으로써 물 절약 실천을 통해 물 자급률을 높이는 것이다.

"기후위기와 환경오염 문제는 한 나라의 노력만으로는 해결이 어려운 만큼 이번 제4차 아태포럼은 아태 회원국과 국제기구가 모여 자연기반 해법을 바탕으로 기후·환경 위기 극복 방안을 논의하는 중요 계기가 될 것입니다. 한국은 앞으로도 탄소중립 목표 달성 이행 지원과 제28차 유엔기후변화협약당사국총회(COP28) 유치 활동을 통해 국제사회에서 그린뉴딜 연대

확산에 기여하겠습니다."

지난 2021년 10월 7일, 수원컨벤션센터에서 열린 제4차 아시
아·태평양 환경 장관 포럼 본회의 개회식에서 한정애 환경부장
관이 발표한 개회사의 한 대목이다. 환경부와 UNEP(유엔 환경계획)
가 공동 개최한 이 국제포럼이 수원에서 열림으로써 수원은 새삼
환경수도로서의 면모를 보이게 되었다.

'탄소중립'의 의미와 수원시의 노력

지난 100년간 이룬 문명의 발달은 그전의 1만 년 동안 이룬 발
달을 훌쩍 뛰어넘는 것이어서 우리 인간의 삶은 그야말로 획기적
으로 편리해졌다. 과학기술의 발달로 새로운 문명의 이기가 하루
가 다르게 쏟아져나오고, 그것을 대량 생산하여 생활에서 손쉽게
이용할 수 있게 되었기 때문이다. 그러나 편리가 증대한 만큼 우
리가 치러야 할 대가도 커졌다.

지구의 온도가 한계점을 넘어서면 극심한 폭염과 해수면 상승,
가뭄, 식량 부족 등으로 인류는 생존을 위협받을 수밖에 없다. 지

구의 온도를 산업화 이전 대비 1.5도 상승하도록 억제하는 것이 마지노선으로 제시됐고, 이를 위한 해법으로 최근 제시된 개념이 '탄소중립'이다.

수원시도 위기 국면에 대응하여 기후변화 대응 종합계획을 수립했다. 전체적인 목표는 온실가스 배출량을 2005년을 기준점으로 2030년까지 40% 감축하는 것이다.

이 목표를 기반으로 추진된 정책은 그 효과가 가시적으로 드러나 신재생에너지 비율, 친환경 건축 인증 건수가 획기적으로 늘었다. 그리고 녹지공원 면적이 꾸준히 늘고 있으며, LED로의 대대적인 교체 작업 등 전력 사용 감축을 위한 노력도 결실을 내고 있다.

하지만 이런 노력의 최종 종착지는 '탄소중립(Net Zero)'이다. 2021년 이후 전 세계가 참여하는 기후변화 대응 협약인 파리기후변화협약에 따라 새로운 기후체제로의 전환이 불가피한 상황에서 제시된 탄소중립은 가장 강력한 온실가스 감축 방향이다.

환경의 날(6월 5일)에 전국 226개 기초지방정부가 '대한민국 기초지방정부 기후위기 비상선언' 선포하고, 곧이어 전국 80개 광역 및 기초지방정부가 '탄소중립 지방정부 실천연대'를 발족했다. 역시 수원시는 이 과정을 주도하면서 환경수도의 역할을 담당했다.

수원시는 정확한 온실가스 및 에너지 관련 분석 데이터를 토대로 도심형 전략을 세웠는데, 바로 '2050 탄소중립도시 조성 기본전략'이다. 여기에는 탄소중립을 위한 단계적 모델 구현과 수소연료 기반의 에너지 전환 선도, 도시 통합정책을 통한 지속 가능한 발전 등 3가지 전략이 담겼다. 구체적인 목표는 2005년 대비 온실가스 배출량을 80% 줄이고, 나머지 20%는 상쇄해 2050년에는 탄소중립을 실현하는 것이다.

그렇다면 2050년의 수원시 모습이 그려진다. 석탄과 석유류 등 화석연료의 사용률 제로, 모든 자동차가 친환경 자동차, 모든 건축물이 녹색건축물인 꿈의 도시가 되는 것이다.

물론 이 꿈은 세월 간다고 저절로 이루어지진 않는다. 지방정부의 각급 기관은 물론이고 지역의 모든 기업과 시민단체 그리고 온 시민이 유기적으로 연대하여 구체적인 실천 목표를 달성하고 그것을 오랫동안 유지해나가야 가능한 일이다. 에너지 전환, 수송과 건물 그리고 폐기물의 그린 인프라, 국제협력 및 시민의식 제고, 체계적 검증 및 연구 같은 과제가 착실히 수행되어야 한다.

수소경제 생태계 구축과 그린뉴딜 선도

수원은 수소경제 생태계 모델 구축 계획을 수립해 가고 있다. 분산형 수소 생산기지 구축, 수소택시와 수소버스 등 친환경 대중교통 시범도시 사업, 산업단지 수소 건설장비 시범 보급사업, 소규모 가정용 연료전지 시범 보급사업 등 수소를 에너지원으로 활용하는 다양한 분야를 포괄한다.

수원의 온실가스 감축 전략 중 가장 눈에 띄는 분야는 친환경 자동차 인프라 구축이다. 이는 중앙정부가 K-뉴딜로 발표한 그린뉴딜 전략과도 맞닿아 있다.

수원은 2022년인 올해까지 시내버스 전체를 전기버스로 전환한다는 목표로 꾸준히 버스 교체 사업을 벌여왔다. 그리하여 미세먼지와 온실가스를 획기적으로 줄일 수 있는 바탕을 마련한 것이다.

탄소를 대체할 궁극의 에너지로 뜨고 있는 수소를 에너지원으로 활용하고, 수소 경제 생태계를 구축하기 위한 구상도 구체화하고 있다.

'달릴수록 청정해지는 수소차'를 올해까지 1,500대 이상으로 확대한다는 목표를 세웠는데, 이 목표도 차기 시장이 이어받아 실현하고 더 확대해야 할 중대한 과제다. 더불어 원활한 수소차 활용을 위해 수소충전소를 시내 전역에 골고루 설치하는 것도 필요한 일이다.

"봄을 알리는 철새들의 소리를 더는 들을 수 없는 지역이 점점 늘어나고 있다. 한때 새들의 아름다운 노랫소리로 가득 찼던 아침을 맞는 것은 어색한 고요함뿐이다. 노래하던 새들은 갑작스럽게 사라졌고, 그들이 우리에게 가져다주던 화려한 생기와 아름다움과 감흥도 우리가 모르는 사이에 너무도 빨리 사라져버렸다."

레이첼 카슨의 《침묵의 봄》에 나오는 한 대목이다. 생태환경운동의 선구자 카슨은 이 책에서 살충제 사용의 실태와 그 위험성에 대한 놀라운 사실을 고발했다. 그는 이 책을 쓰기 전에 바다에 버려지는 핵폐기물 문제를 다룬 《바다의 가장자리》를 집필하는 등 이미 자본주의 문명에 대한 인간의 자만과 탐욕을 깊이 경계하고 널리 경고했다.

'독일의 환경수도'로 불리는 프라이부르크시는 제파크공원에 전나무와 가문비나무를 소금물에 담가 방부 처리한 친환경 소재를 활용해 전망대를 만들었다. 이 전망대는 녹색운동과 탈원전 정책을 상징하는 세계적인 명소가 되었다.

2015년, 수원시는 프라이부르크시와 도시혁신 분야 교류를 위한 자매결연을 했다. 이에 수원시는 제파크공원 전망대를 본떠 '광교호수공원 프라이부르크 전망대'를 세우고, 그 옆에 '광교생태환경체험교육관'을 열었다.

이런 가시적인 연대와 생태 프로그램 마련도 중요하지만, 더 중요한 것은 시의 모든 행정 현장과 모든 시민의 일상에서 실질적인 내용을 채워가는 것이다.

기후, 애초부터 약자를 만들지 마라

"기후위기는 우리 모두에게 닥칠 생존의 위기다. 지금 '대전환의 결단'을 내리지 않는다면 가까운 장래에 국가·사회적으로 막대한 전환비용을 떠안게 될 것이다. 기후위기는 이제 더는 징후가 아니라 명백한 현실이다. 곧 뒤따라올 식량 위기는 기후위기의 가장 큰 위협이다. 탄소 국경세도 국제적 표준이 될 것이다. 우리 기업들의 경쟁력 차원은 물론 생존 전략에서도 준비가 시급하다. 더 나아가 G7 등 선진국은 단순히 기후위기 대응을 넘어 기후위기를 새로운 국제질서의 재편에 추동력으로 삼으려 한다는 점을 직시해야 한다. 기후 정의는 새로운 시대의 절실한 국민적 요구다. 미래세대의 삶의 터전이 될 환경자본을 지켜내는 것은 미래정치의 핵심이다. 대한민국 헌법 1조 3항에 '대한민국은 인류 생존을 좌우할 기후위기에 대응하여 생물다양성과 환경을 지키며 누구도 기후 약자가 되지 않도록 기후 정의를 구현하고, 이를 국민의 기본적 권리로 보장할 의무를 진다'는 내용을 담겠다."

지난 2021년 7월 더불어민주당 대통령 후보 경선에서 추미애 후보가 제시한 공약이다. 우리 대선의 정국에서도 기후위기 문제가 주요 토론 주제와 담론으로 활발하게 논의되어야 마땅하지만, 이에 대한 정치판 전반의 인식 부재와 주류 언론의 의도적인 무시로 추 후보의 이 중요한 공약은 그냥 묻혀버렸다.

그러나 기후 문제는 이미 발등에 떨어진 불이고, 이에 발 빠르게 대응하지 못하면 우리가 숨 쉬고 사는 지구 환경은 물론이려니와 경제도 심대한 타격을 입게 될 것이다.

"애초부터 약자를 만들지 말라. 정의는 약자를 배려하는 것이 아니라 약자가 생기지 않도록 하는 것 아닌가? 약자를 배려하고 지원하는 것은 '좋은 일'이 아니라 약자를 만들지 않아야 할 정의를 이루지 못한 책임을 지는 것이다."

기후 정의를 이야기하는 한 정치인의 북 콘서트에서 기후 행동에 나선 청소년 활동가 김서경 학생이 기성세대에게 던진 메시지다. 주요 정당 대선 후보들에게 기후위기 대응에 관한 질문을 던져 답변을 들은 청소년 기후행동활동가들은 분통을 터뜨렸다.

"과학자들이 수차례 기후위기 대응 시간이 얼마 남지 않았다고 강조해도 정치권은 문제 인식조차 하지 못하고 있다. 우리에겐 생존이 걸린 문제인데 후보들은 산업 논리를 이유로 기후위기 심각성을 외면하고 있다."

산업 논리로 기후위기 심각성을 애써 외면하다니? 앞으로는 산업을 위해서라도 기후위기에 적극적으로 대응해야 한다는 사실을 모른다면, 이미 시대에 뒤떨어진 정치인이다. 시대정신을 전혀 읽지 못하는 정치인으로, 국정을 담당하기에는 심각한 결격 사유다.

물의 도시 수원의 물 순환 시스템

'물(水)의 원천(原)'이라는 이름에서 드러나듯이 물은 수원에서 중요한 자원이다. 수원은 7개 하천과 그 수계에 속하는 소하천 줄기들이 광교저수지 등 크고 작은 저수지를 형성해 풍부한 수자원을 확보할 수 있는 환경을 갖췄다.

하늘에서 내린 비는 땅으로 스며들어 토양을 비옥하게 하며 서서히 하천으로 유출되고 다시 증발하는 물의 순환이 이어진다. 하지만 계속된 도시개발은 물의 순환에 악영향을 끼쳤다. 불투수 면적이 증가하면서 빗물이 지표면을 따라 일시에 하천으로 유입될 수밖에 없기 때문이다.

이처럼 심해진 강우 유출과 이로 인한 오염 부하를 최대한 자연 친화적 기법으로 관리하기 위해 레인시티 사업이 고안됐다. 이른바 LID(저영향개발) 방식이다.

이에 따라 '수원시 물 순환 관리에 관한 조례'가 제정되고, 빗물의 중요성과 재이용에 대한 인식이 확대되면서 중장기 계획도 수립되었다.

이어 지난 2015년부터 빗물 이용시설과 중수도 시설, 그린 빗물 인프라 등 물을 순환하는 사업들이 태동했다. 빗물정원, 빗물을 이용한 사계절 노면 살수, 빗물 침투 화단, 투수 블록, 빗물 침투 도랑, 빗물 저금통, 빗물 주유기, 나무 여과 상자, 투수성 주차장 등이 레인시티 사업을 통해 조성되었다.

이후 사람과 물, 자연이 함께하는 안전한 물 순환 도시를 목표로 한 레인시티 사업은 시민 참여와 IT 기술 기반이 결합하면서 빗물 주유기, 노면 살수 시스템 등을 원격제어할 수 있는 단계까지 이르렀다.

착한 에너지로 대비하는 미래

에너지 자원을 효율적으로 관리하는 방안은 여름철 뜨거운 도심 온도를 낮추는 '그린 커튼' 사업이 대표적이다. 건물 창가에 녹색식물을 심어서 태양광을 차단함으로써 실내온도를 3℃ 이상 낮추고 20~30%의 전기에너지 절감 효과를 거두는 그린 커튼 사업은 수원시의 히트 상품으로, 다른 지방정부에서도 널리 배워간다.

2017년부터 시작된 사업은 시 청사를 비롯한 공공기관과 학교를 비롯한 교육기관, 민간부문이 활용하는 다중이용시설 등에 덩굴식물을 활용한 그린 커튼과 그린 터널을 조성하는 것을 뼈대로 한다.

그린 커튼은 여름철 냉방비 절감은 물론 시민에게 녹색 도시환경을 제공해 별도의 면적을 투입하지 않고도 녹지율을 높이는 효과를 내고, 식물을 활용하여 미세먼지를 저감하는 효과까지 낼 수 있다.

쓰레기도 자원이 되는 도시

지방정부마다 산업폐기물은 물론이고, 갈수록 늘어나는 생활폐기물 처리에 골머리를 앓고 있다. 그런 가운데 생활폐기물을 자원으로 활용하기 위한 리사이클링 노력도 활발해지고 있다. 수원시도 생활폐기물을 적절하게 처리하기 위해 자원순환센터, 자원회수 시설, 음식물 자원화 시설 등을 연계하는 순환 시스템을 강화해가고 있다.

수원시 자원순환센터에 반입되는 폐기물은 2014년 4만 7,396톤에서 2019년 7만 5,731톤으로 폭증했다. 그중 재활용으로 반출되는 양은 2014년 1만 4,372톤에서 2019년 3만 5,234톤으로 크게 늘었다. 반입량 대비 재활용 반출 비율이 30%에서 46% 이상으로 늘어난 셈이다.

자원회수시설 처리 과정에서 발생하는 소각열을 활용해 민간

발전사업으로 전기를 생산하거나 지역난방공사에 공급하는 사업도 추진되고 있다. 온실가스 저감은 물론 재정수입 증대 효과까지 거둘 수 있을 것이다.

지난 10여 년 동안 그려온 환경수도 밑그림이 이제 그 모습을 드러내기 시작하고 있다. 이 밑그림을 바탕으로 환경수도의 탑을 쌓아가는 일은 누가, 또 어느 당이 수원의 지방정부를 구성하든 결코 중단해서는 안 되는 필수 과업이다.

4.
사회적 경제가
꽃피는
수원 만들기

사회적 경제, 의미와 성공 사례

"사회적 경제의 핵심은 무엇보다 먼저 마을과 지역 문제를 해결하는 데 있다."

사회적 경제는 자본주의가 발달하면서 나타난 경제적 불평등이나 환경오염 등의 사회적 문제를 해결하기 위해 등장했다. 경제적 이익을 극대화하는 기존 시장경제와 달리 자본주의의 장점을 살리면서도 사람과 분배, 환경 보호 등의 가치를 중심에 두는 점이 특징이다.

사회적 경제는 공동체 보편 이익 실현, 노동 중심의 수익 배분, 민주적 참여, 사회 및 생태계의 지속가능성을 중심적으로 정책이 이루어진다. 사회적 경제 조직은 사회적 기업, 협동조합, 마을기업, 자활기업, 농어촌공동체 회사 등이다

사회적 경제는 1800년대 초 유럽과 미국에서 처음 등장했다. 우리나라에서는 1920년대에도 농민협동조합 등의 형태로 시작되었으며, 1997년 외환위기 이후 크게 발전했다. 당시 높은 실업률과 고용 불안정, 빈부 격차 심화 등의 문제로 사회적 경제가 대안으로 등장했기 때문이다. 이후 2007년과 2012년에 각각 사회적기업 육성법과 협동조합기본법이 제정되면서 사회적 경제와 관련된 법적 근거가 마련되었다.

사회적 경제의 성공적인 모범을 보인 다른 나라의 사례로는 스페인의 몬드라곤, 이탈리아 볼로냐, 캐나다 퀘벡을 꼽을 수 있다.

퀘벡에서는 3,000개 이상의 협동조합이 퀘벡 주 GDP의 8%에 해당하는 17조 원의 매출을 창출한다. 사회적 경제 부문에서만 2만 5,000명의 고용을 창출하면서 지역 문제 해결까지 주도하고 있다. 여기서 특히 주목할 부분은 지방정부 정책과 시민단체 및 협

동조합이 잘 조화되어 지역경제 활성화에 이바지한다는 점이다.

퀘벡에서 사회적 경제가 뿌리내린 데는 세 가지 요소가 바탕이
되었다.

첫째는 혁신조직 CEDS(지역사회개발공사), CLD(지역개발센터),
CDR(지역개발협동조합)의 조화로운 연계 운영 시스템이다.

둘째는 노동운동이 조성한 투자기금이다.

셋째는 노동운동, 시민사회, 협동운동, 지방정부의 협력적 공공
경영이다.

여기서 무엇보다 주목할 부분은 '노동운동이 조성한 투자기금'
이다. 투자금 대부분을 정부 기금에 의존하는 우리나라의 사회적
경제와 결정적으로 다른 부분이다.

노동운동을 기반으로 투자기금 조성을 이끌어온 조직이 '샹티에
네트워크'다. 이 조직은 사회적 경제 연관 프로젝트와 조직들을
통합해서 만든 포괄적 결사체로, 퀘벡 전역에 설치되어 연대와 협
동이 이루어질 수 있도록 지원한다.

최근에는 우리나라에서도 시민 출연 기금을 통한 사회적 경제
활동이 점차 활발해지고 있다. 수원의 시내버스 공영차고지 지붕
에 태양열 발전 시설을 만들어 전기버스 충전에 사용하고 남은 전

기를 다른 데에 활용하기까지 하는 사업 자금도 전액 시민 출연금으로 충당되었다. 이런 사례는 우리 수원뿐 아니라 전국 지역으로 널리 퍼져가고 있어, 사회적 경제 확산에 청신호가 되고 있다.

수원의 사회적 경제, 그 시작과 현재 그리고 미래

"거의 매주 전국에서 우리 사례를 보러 옵니다. 수원뿐 아니라 다른 지역도 고민의 지향은 비슷한 듯합니다. 시대적으로 이런 시도가 필요하다는 반증이지요."

수원시가 출연해 2016년에 문을 연 수원시지속가능도시재단이 전하는 말이다.

일찍이 조선 정조 치세에 화성을 중심으로 설계된 수원은 200년 역사를 지닌 세계적인 계획도시다. 수원역을 중심으로 시가지가 형성된 지도 100년이 지났다. 서울과 가까운 데다가 여러 고속도로가 근접해 있어 대기업과 대학이 다수 밀집해 있다.

이런 역사·지리적 특성으로 인해 도시가 급속하게 팽창했다. 전국의 기초지방정부 중 인구가 가장 많은 데다가 도시화에 필수 요소인 안정적인 일자리, 쾌적한 주거환경, 다양한 문화공간 등의 기반이 빠르게 생성되었다.

이런 규모의 급속한 성장에는 내실에서 허점이 생기게 마련이다. 이 내실을 채우는 것이 바로 사회적 경제 활동이다.

수원시는 전국 최초로 도시재생, 주거복지, 마을공동체 등 지속가능한 도시를 위한 융·복합 중간지원재단인 수원시지속가능도시재단을 설립하여 마을르네상스센터, 도시재생지원센터, 주거복지지원센터, 사회적경제지원센터, 창업지원센터, 물환경센터, 미디어센터 등 7개 센터를 운영하고 있다.

시민 주도의 도시재생과 주거복지 확대를 위해 마을르네상스센터에서 지역 주체들이 성장하면서 파편화된 단발성 사업만 하는 게 아니라 우리 마을의 청사진을 주민들이 직접 그릴 수 있도록 지원한다. 특히 저층 주거지에 거주하는 주민들에 주목한다. 그들이 지역의 의제를 직접 고민하고 참여하는 프로그램을 추진하고, 거기서 성장한 지역 주체들이 이후에는 도시재생 뉴딜 사업으로 연결될 수 있는 통로를 설계한다.

수원의 사회적 경제 기업은 400여 개인데, 그 가운데 협동조합이 300개, 사회적 기업이 70여 개, 마을기업이 10여 개, 자활기업이 20개에 이른다.

수원의 사회적 경제 비전은 '모두를 위한 따뜻한 경제'다. 사회적 경제 기업을 창업하기 좋은 생태계를 구축하고, 체계적 관리를 통해 사회적 경제의 질적 향상을 도모하며, 사회적 가치 확산을 위한 협력적 공공경영 시스템 구축을 추구한다.

그러나 도시가 안고 있는 여러 의제를 발굴해서 사업성과 공공성을 조화시켜 함께 풀어갈 기업 주체는 아직 미미한 상황인 데다가 넘어야 할 산이 많다.

사회적 경제로 대변되는 공유경제는 재벌 대기업 중심의 압축경제 속에서 성장한 우리 경제 현실에서 파생되는 다양한 문제를 치유하는 효과적인 수단이다. 그래서 중앙정부, 지방정부, 공공기관, 시민사회단체 할 것 없이 모두 사회적 경제 필요성에 공감하는 분위기다.

사회적 경제는 지역에 스며들며 주민들의 삶에 변화를 일으킨다. 지역에 뿌리내린 사회적 경제 조직들은 지역이 겪는 사회 문제에서 출발해 해결에 나서고, 이는 지역 내 고용 창출로 이어져 가장 작은 단위의 경제를 살리는 마중물 역할을 한다.

5.
품격 높은
문화도시
수원 만들기

인문의 향기를 문화도시의 바탕으로

"낮에 한 일을 밤에 스스로 점검해보아도 오히려 스스로 만족
하지 못하는 것이 많거늘 어떻게 평생 한 일이 자기의 마음에
다 만족하기를 바라겠는가!"

개혁 군주이자 뛰어난 인문학자인 정조의 어록 중 한 대목이다.
수원에는 정조의 숨결이 가득하다. 부모를 향한 효심과 개혁을
향한 열망이 어우러져 조성한 수원 화성에 그의 국정 철학과 애민
정신과 인간적 고뇌와 지도자로서의 결단이 집약되어 있다.

정조는 시대에 꼭 필요한 인재를 갈망하여 적극적인 탕평책을 실시했고, 당파에 구애받지 않고 인물과 실력 중심의 관리를 등용하는 대통합정책을 펼쳐 조선 후기의 르네상스라 불리는 경제·사회·문화적 부흥기를 이끌었다.

사회 안정과 균형 발전에 많은 관심을 가졌던 정조는 모두가 맡은 직분을 다하여 찬란한 봄과 같은 활력이 넘치는 나라를 바랐다.

멀리 떨어진 함경도와 제주도 등지의 지방 특성에 맞춘 정책에 관해 자문을 구하고, 문화와 함께 군사적으로도 긴장을 늦추지 않는 대목은 먼 미래를 내다보는 지도자의 안목이 드러나는 부분이다. 시대를 뛰어넘는 혜안과 통찰로 사안의 본질을 보고 올바른 질문을 통해 거듭 고민하여 국정과제를 풀어나간 지도자로서 면모다.

그런 수원시가 제3차 문화도시에 선정됐다. 축하하고 다행한 일이지만, 오히려 늦은 감도 없지 않다. 문화도시 사업은 지역별 특색 있는 문화자원을 활용해 지속 가능한 지역 발전을 이루고 주민의 문화적 삶의 질을 높이기 위해 지역문화진흥법에 따라 문화체육관광부가 추진하고 있다.

이번 문화도시 선정에 따라 수원시는 2022년부터 2026년까지 5년간 국비 최대 100억 원을 문화 사업에 지원받는다.

시민이 주인인 '사람 중심 더 큰 수원'을 만들기 위해 노력해온 '인문도시 수원'은 이제 '문화도시 수원'으로 한층 더 발돋움하게 될 것으로 기대한다.

시민이 주도하는 문화도시 수원

누구나 하나쯤은 가지고 있을 법한, 사소하지만 새로운 아이디어가 우리의 삶을 더욱 반짝이게 만든다. 마을을 학교와 실험실 삼아 실행된 주민들의 생각은 더 풍요로운 문화를 가능하게 한다.

엄마들이 공동육아 경험으로 지역의 아이들을 가르치고, 경력단절 여성들이 어르신들을 위한 운동 가이드 책자를 만들고, 전·현직 교사들이 청년과 노인의 징검다리 역할을 하고, 마을을 사랑하는 청소년들이 함께 마을용 자전거 지도를 만드는 일 같은 것이 그렇다.

'서로를 살피고 문제에 맞서는 문화도시 수원'의 비전은 이렇게 주민들이 자발적으로 실현해가도록 지방정부는 북돋고 밀어주는 역할에 충실해야 한다. 지원하되 간섭하지 않는 것이 창의성과 자발성 그리고 지속가능성을 살리는 길이다.

영통 주민 5명으로 구성된 '역동'은 학부모 모임에서 비롯했다. 결혼 후 남편 직장을 따라 수원시에 정착한 경력단절 여성들이 비슷한 연령의 자녀라는 공통점 덕분에 함께 도서관을 다니던 친목 모임이다.

아이들이 역사에 관심을 가질 즈음, 모임 구성원들은 학업과 재미의 두 마리 토끼를 잡을 수 있는 프로그램이 필요하다는 생각에 공동육아 방식의 프로그램을 만들었다. 답사, 도자기 만들기, 전통 문양 그리기 등의 프로그램을 진행했다.

이 배움의 기회를 다른 아이들과도 나누고 싶어진 역동 구성원들은 수원시 씨티메이커스 프로그램을 통해 방법을 찾아나섰다. 전문가로부터 컨설팅을 받기도 했다. 이들은 현재 도시재생 지역 청소년에게 교육서비스를 제공하기 위한 사회적 기업을 준비 중이다.

'꽃맘센터대화방'도 경력단절 여성 모임에서 시작됐다. 교육지원 서비스로 지역 내 아동센터 등과 협력하던 협동조합을 중심으로 주민들이 참여한 모임이다. 지역 문제에 대해 깊이 대화를 나누기 시작한 이 모임은 소외된 실버 세대를 위한 크리스마스 파티나 작은 음악회를 개최하는 활동을 벌였다.

마을 활동 참여를 어려워하는 중장년층을 위해 운동 가이드 책자를 기획하기도 했고, 코로나19로 활동이 위축된 노인들이 활용할 수 있도록 수원형 리빙랩 사업에 참여해 전문가의 도움을 받고, 쉽게 이해할 수 있도록 운동 책자를 만들기도 했다.

수원 행궁동을 기반으로 활동하는 '사회적협동조합 수원행'의 청년 3명은 행궁동 내 주차시설 부족 등의 문제 개선 방법을 찾다가, 자동차 없이 방문해도 즐거운 핫플레이스가 되려면 결국 자전거 이용이 편리해져야 한다는 생각으로 행궁동 자전거길 지도를 만들기로 했다.

이 프로젝트에 힘을 보탠 것은 행궁동에서 자전거를 즐겨 타던 청소년들이다. 중학생 라이더 5명이 행궁동을 직접 라이딩하면서 조사를 진행해 개선해야 할 점을 찾았다. 이 협업으로 수원 화성과 행궁동, 수원천을 한 바퀴 도는 코스가 만들어졌다.

이처럼 마을 주민이 마을의 문제를 자발적으로 나서서 풀어간 활동이 수원시가 지향하는 문화도시의 대표적인 사례가 되고 있다. 시민의 삶이 곧 문화가 된다는 사실을 잘 보여주고 있다.

생활권별 불균형 문제나 외국인 이주민 증가로 인한 대안, 지역 갈등, 아파트 공동체, 원도심 쇠퇴, 생태 위기 등 다양한 과제가 시민의 제안을 통해 도출됐다. 문화기획자를 양성하는 프로그램이 운영됐고, 거점 공간을 중심으로 의제를 풀어나가려는 시민 문화의 씨앗을 뿌렸다. 이 성과를 바탕으로 2021년 예비 문화도시로 선정된 수원시는 예비사업을 통해 문화도시로의 도약 가능성을 미리 확인할 수 있었다. 예비사업은 기존의 프로그램들을 체계화했다. 또 시민이 제안하고 만드는 도시여행 프로그램 '조금 다른 도시여행' 6개가 시범 운영돼 새로운 지역 콘텐츠를 발굴하는 한편, 지속 가능한 도시여행의 기반을 조성하는 계기를 만들었다.

문화도시 수원의 핵심가치는 4가지다. 시민, 마을, 지역, 생태 등의 가치를 확산하기 위해 사람 중심의 도시철학과 인문적인 실천 방법을 활용하는 과제들이 추진된다. 문화도시 사업은 주체가 되는 시민과 시민의 활동을 지원하는 다양한 참여자들의 지원으로 실행된다.

6.
세계가 주목하는
교육도시
수원 만들기

환경교육, '수원이'가 간다

환경수도를 향해 지속적인 노력을 펼쳐온 수원시가 미래세대는 물론 현세대가 모두 함께 참여하는 '환경교육 도시'로서의 역량을 보여주고 있다. 지난 10년간 '생태와 도시가 지속가능한 환경교육 도시'를 비전으로 환경교육 확대 및 내실화에 앞장서온 환경교육 정책이 결실을 거두고 있는 면도 있다.

수원 환경교육의 상징 가운데 하나는 수원청개구리다. 이 개구리를 캐릭터화한 '수원이'는 환경교육이 있는 곳이면 어디든 함께

한다. '수원이'가 붙은 버스가 지나간다면, 이 버스는 사람을 태우는 목적이 아닌 수원의 환경을 더 잘 알리기 위해 달리는 버스다. 수원지역 초등학생들을 대상으로 환경교육을 진행하는 '찾아가는 환경교실'인 것이다.

초록빛을 띤 개구리가 1978년 수원에서 처음 발견되어 '수원청개구리'로 명명되었다. 이 멸종위기종의 청개구리를 살리기 위해 몇 해 전부터 수원시와 시민이 합심하여 서식지를 조성하고 인공 방사를 하는 등 갖은 노력을 펼쳐오고 있다.

이 수원청개구리가 수원의 상징 캐릭터 '수원이'로 다시 태어나 환경교육의 길잡이 역할을 하고 있다. 수원시의 크고 작은 행사마다 '수원이'가 자리하고, 연무대와 수원 화성을 비롯한 수원의 관광명소에서는 '수원이' 인형이 관광객을 반긴다.

그럼 '찾아가는 환경교실' 수원이 버스를 들여다보자.

버스 계단을 밟고 올라서면 내부는 더욱 기발하다. 좌석 대신 시각, 청각, 촉각 등 오감을 활용해 환경을 알아보는 11가지 코너로 알차게 채워 어린이 10~20명이 함께 환경을 공부하고 교감할 수 있도록 구성돼 있다.

수원시 지도를 보며 주요 산과 하천의 위치를 파악하고, 칠보치마와 백로 등 보존이 필요한 8대 깃대종을 퍼즐로 확인해보거나, 수원의 동·식물과 곤충 등을 증강현실로 생생하게 만나볼 수 있다.

이어 수원청개구리가 서식하는 논과 수서생물 표본을 관찰하고, 맹꽁이와 참개구리, 수원청개구리 등의 소리를 비교해보며 수원청개구리 특유의 울음소리를 확인해보는 코너도 흥미롭다.

또 환경과 더불어 사는 착한 실천 방법이 무엇인지 고민해보고 공유하면서 촉감으로 자연물을 맞춰본 뒤 '수원이'와 인증샷을 찍으면 코스가 마무리된다.

수원시는 전국 최초로 환경교육을 역점 사업으로 선언하고 실행해왔다. 수원시, 수원시의회, 수원교육지원청, 수원 환경교육 네트워크, 일반 시민이 참여한 공동선언은 45만 전 가구를 대상으로 환경교육을 시행하는 연차별 전략을 담았다.

수원시의 환경교육은 거점을 넘어 생활 터전을 향하고 있다. 모든 시민이 참여할 수 있는 구청과 동 행정복지센터, 마을과 주변 지형지물을 활용한 생태 모니터링, 캠페인, 정화 활동 등 실천 프로그램이 확대되고 있다.

이제 한 차원 더 높은 환경교육 계획을 수립해 환경교육의 실효성을 더욱 높이고 나아가 '생태와 도시가 지속가능한 환경교육 도시 수원'을 완성해나갈 필요가 있다. 나아가, 지역의 생태계 보전 및 환경개선을 위해서는 환경정책도 중요하지만, 시민의 환경의식 향상을 위한 환경교육이 무엇보다도 중요하다.

세계의 관심을 끈 평생학습도시 수원

"교육의 참된 목적은 각자가 평생 자기의 교육을 계속할 수 있게 하는 데 있다."

미국의 교육철학자 존 듀이의 교육철학이다. 학교 교육의 궁극적인 목표는 평생교육, 즉 평생학습의 계기가 되고 바탕이 되어야 한다는 얘기다.

그러나 지금껏 우리나라에서는 교육이라고 하면 학교에서만 행해지고 교문을 나서면 끝나는 것으로 인식되어왔다. 그런데 이제는 교문을 나서면 그 학교 교육을 바탕으로 진짜 공부가 시작된다는 평생학습 활동이 지역 문화센터, 독서모임, 동네 책방을 중심으로 퍼지고 있다.

이처럼 생애주기별 학습이 보편화되는 가운데 수원시의 평생학습 프로그램 사례가 세계 '글로벌 학습도시'에 전파됐다.

평생학습도시 수원시가 지속하여 추진하는 학습도시 육성의 성과와 미래 비전은 세계가 널리 모델로 활용할 만하다. UIL(유네스코 평생학습원)이 설립한 GNLC(글로벌 학습도시 네트워크) 국내 실무협의회 출범에 맞춰 국가평생교육진흥원, 전국평생학습도시협의회가 공동 개최한 웹 세미나를 통해서 수원의 사례가 소개되기도 했다.

10여 년 전부터 저출산·고령화의 영향으로 구도심의 공동화가 촉진되자 수원시는 폐교를 활용한 평생학습 인프라를 구축했다. 이렇게 설립된 각 지역의 평생학습관은 외국어 마을과 통합 운영되고 있고, 풍부한 인적·물적 인프라를 갖춘 학습의 허브로 거듭나고 있다.

수원시민이라면 누구나 멘토와 멘티로 활약할 수 있는 '누구나 학교', 장·노년층이 자율적으로 운영하는 '뭐라도 학교' 등은 신나는 평생교육을 제공한 좋은 사례다. 2017년 수원시가 유네스코 '학습도시상'을 받는 등 결실을 거두기까지는 평생학습의 영역에서 헌신한 평생교육 전문가들의 숨은 노력이 있다.

수원의 지역 특성을 살린 명품 교육

우리 시는 교육지원청과 협력하여 올해 2022년부터 수원의 지역 특성을 반영한 20여 개의 교육 사업을 전개해 명품 교육도시 조성에 본격적으로 착수했다.

지난해 이미 유튜브 채널을 통해 비대면 방식으로 '2022년 수원 혁신 교육지구 사업설명회'를 열고, 교직원·시민 등에게 추진할 주요 사업 내용을 공유한 관련 기관은 주요 비전으로 지역교육 거버넌스 교육자치 실현, 학교와 마을의 교육 협력을 통한 혁신 교육 생태계 강화, 지역 특색 반영 미래 교육 체제 구축 등을 내걸었다.

구체적인 사업은 빛깔 있는 교육과정, 학교 특성화 프로그램, 1학생 1악기 뮤직스쿨 등이다. 빛깔 있는 교육과정은 수원 관내 초·중·특수학교를 대상으로 '수원 화성 가치 계승 교육', '우리 고장 수원 바로 알기' 등 필수 교육과 학생 중심의 창의적 교육 등으로 운영된다.

학교 특성화 프로그램은 지역 내 초·중·고·특수학교와 평생교육시설 등을 대상으로 체육·예술 등 교과목의 특기 적성 활동과 방과 후 교육과정 등으로 진행된다.

혁신 교육지구는 학교와 지역사회가 적극적으로 소통하고 협력하는 지역교육 공동체를 만들기 위해 경기도교육청과 지자체가 공동으로 교육 자원을 발굴하고, 학교와 연계한 지역 특색 교육을 전개하는 지역이다.

7.
휴먼
스마트시티
수원 만들기

세계는 스마트시티 붐을 타는 중

"스마트시티는 ICT 정보통신기술로 도시 경쟁력과 시민의 삶의 질을 향상하며, 도시의 지속가능성을 추구하는 혁신도시를 가리킨다. 이를 위해 도시 교통, 환경, 안전, 주거, 복지 등의 분야에 첨단 IT를 적용하는데, 인공지능, 빅데이터, 클라우드, 5G를 종합해 차세대 이동통신, 자율주행, IoT 사물인터넷, 블록체인까지 다양한 기술이 접목된다. 이런 특성 때문에 스마트시티는 IT 기술의 용광로로 불린다."

스마트시티를 설명하는 개념이다.

텔레커뮤니케이션을 위한 기반시설이 인간의 신경망처럼 도시 구석구석까지 연결된 스마트시티에서는 사무실에 나가지 않고도 집에서 모든 업무를 처리할 수 있는 텔레워킹이 일반화될 것이다.

스마트시티와 비슷한 개념으로는 공학기술이 고도로 발달한 도시를 나타내는 '테크노피아', 네티즌이 중심이 되는 도시를 나타내는 '사이버시티', 거대도시의 새로운 형태를 의미하는 '월드 시티' 등이 있다.

스마트시티는 미래학자들이 예측한 21세기의 새로운 도시 유형으로, 컴퓨터 기술의 발달로 도시 구성원 간 네트워크가 완벽하게 갖춰져 있고 교통망이 거미줄처럼 효율적으로 짜인 것이 특징이다. 학자들은 현재 미국의 실리콘 밸리를 모델로 삼아 앞으로 다가올 스마트시티의 모습을 그려나가고 있다.

스마트시티로 가는 우리나라 사례들

스마트시티를 이루는 기술을 활용하면 인구 과밀화에 따른 교통, 주거, 시설 비효율, 환경 문제를 궁극적으로 해결해 시민들이 편안하고 쾌적한 삶을 누릴 수 있게 될 것이다.

강릉시가 추진하고 있는 지능형교통체계 ITS 기반사업은 향후 자율주행, 스마트시티 등 첨단기술 도입에 기반이 될 자가통신 인프라 구축에 필요하다. 지능형교통체계는 급증하는 통신회선 임대료를 절감하고 신규 발생하는 통신 수요에 효율적으로 대처할 수 있게 한다.

그리고 향후 공공기관과 주민센터 등에 대한 행정통신망은 물론 방범용 및 주정차단속 CCTV, 버스 정보 시스템, 미래 자율주행 서비스 등에도 자가 통신망을 활용한 통신서비스를 확대할 수 있게 된다.

이런 자가 통신망 확대와 구축 계획은 스마트시티 서비스 제공의 한 축을 담당한다. 일례로 강릉은 2023년 후 올림픽파크 내 2026 ITS 세계 총회 시찰, 시연 서비스와 연계해 자가 통신망 허브 역할을 이행하는 미래교통복합센터 구축을 계획하고 있다. 지능형교통체계 기반사업으로 자율주행과 스마트시티 등 첨단기술 도입의 토대로서 자가 통신인프라를 시 전역에 구축한다는 복안이다.

또 앞에서 언급한 통신사업자로부터 임대해 사용하던 정보통신망을 강원도 내 최대 규모인 주요 간선에 자체 설치해 교통시설물 운영에 안정적으로 서비스를 공급한다는 청사진을 그리고 있다.

함안군은 국토교통부에서 공모한 2022년 중소도시 스마트시티 조성 공모사업에 최종 선정됐다. 이번 공모사업은 지역 문제 해결을 위한 스마트솔루션을 구축하고 스마트시티 체감도를 높이는 것을 목표로 하고 있다.

함안은 아라가야 역사문화 중심지로 유네스코 세계문화유산 등재를 앞두고 있어 새로운 역사문화 관광도시를 향해 가고 있다.

군은 역사문화 공간이 많은 가야읍과 함안면, 산인면 일원을 사업 대상 지역으로 선정해 스마트 전기자전거를 도입하고 스마트 체험, 관광 정보 제공 및 휴게공간 등을 갖춘 스마트라운지솔루션도 도입한다. 또 사업 대상지 주요 거점에 스마트 전기자전거 체계를 구축해 관광지 간 연계성과 접근성을 높일 계획이다.

기차역과 버스터미널에는 각각 스마트거점형 라운지, 문화유적인 무진정과 함안박물관에는 각각 역사·문화형 라운지, 입곡군립공원에는 자연·힐링 라운지, 연꽃테마파크에는 체험·놀이 라운지가 구축된다. 스마트거점형 라운지는 아라가야 유물체험 존, 함안 관광 VR 체험, AI 관광 코스 비서 등이 운영된다.

스마트시티는 각 나라 및 각 지역의 경제 수준과 발전 상황, 도시 여건에 따라 매우 다양하게 정의되며, 그에 맞춰 접근하여 활용되고 있다.

선진국에서는 기후변화에 대응하고 도시재생을 통한 삶의 질 향상, 개발도상국에서는 급격한 도시화로 인해 나타나는 사회 문제를 해결하고 경기를 부양시키는 동시에 국가경쟁력 강화를 꾀하고 있다.

중앙 정부는 그동안 유비쿼터스 도시, 스마트시티를 위한 다양한 정책을 제시하면서 실현하려 노력해왔다. 그로 인해 국토교통부 주관으로 시행된 스마트시티 챌린지 사업은 스마트시티, 스마트타운, 스마트캠퍼스, 스마트솔루션처럼 유형별로 구분돼 진행되고 있다.

그런데 기술 발전 속도는 빠르지만, 법·제도·행정은 기술이 가져오는 장점과 부작용을 신속하면서도 깊이 있게 다루기에는 역부족이다. 그러므로 향후 스마트도시는 다양성에 기반을 둔 참여형 거버넌스 구축을 핵심으로 방향을 잡아야 할 것이다.

스마트시티 구현을 위한 수원의 과제와 비전

수원시민은 수원시가 스마트시티로 나아가기 위해 시급히 해결해야 할 도시문제로 구도심-신도심 간, 그리고 동수원-서수원 간

불균형과 주차난 등을 선정했다. 이어서 청년·시니어 일자리 문제, 도시관리 미흡 문제를 들었다.

환경·에너지 분야에서 해결해야 할 문제로는 쓰레기 처리, 미세먼지 저감 등을 꼽았다. 이어 안전·생활복지 문제로는 치안과 주차환경 개선을 과제로 선정했다. 분야를 막론하고 맨 먼저 해결해야 할 문제로는 안전·생활복지와 교통을 꼽았다.

스마트시티 수원의 비전은 역사·기술·사람의 스마트 포용 도시다. '살기 좋고 살맛 나는 그린 스마트도시 구현', '연계하고 융합하는 혁신 스마트도시 구축', '오고 싶고, 보고 싶은 열린 스마트도시 조성' 등이 구체적인 목표가 될 것이다.

우선 그린 스마트도시는 자연 친화적인 녹색 도시를 구축하고, 그린뉴딜 중심으로 스마트 환경 기술을 적용하는 방향으로 구현된다.

혁신 스마트도시 구축이라는 목표를 위해서는 정조대왕이 계획한 도시라는 역사성에 걸맞은 혁신과 창조, 애민 사상의 계승과 데이터 기반 혁신센터 조성 등이 필요하다.

특히 데이터가 주도하는 도시 기반 마련은 스마트도시 구현의 중심축이다. 데이터를 중심으로 도시문제를 해결하고, 데이터 플랫폼을 구축해 도시 정책과 서비스를 개발한다. 데이터를 공유하는 오픈 데이터를 활용해 스타트업 유치 및 투자 활성화로 혁신을 주도할 필요가 있다.

수원은 스마트시티를 위한 3가지 목표를 실현하는 거점을 세 가지로 구성할 수 있다.

스마트 혁신거점은 R&D사이언스파크 및 탑동지구, 수원역과 화서역, 델타 플렉스, 스마트폴리스, 삼성전자 및 주변 지역 등을 연결해 스마트 혁신의 첨병 역할을 하도록 한다.

시민들이 선정한 비전, 휴먼시티 수원

수원시정의 핵심 가치는 사람, 즉 시민이 되어야 한다. 수원의 브랜드를 '사람이 반가운 휴먼시티 수원'으로 내걸고 지금껏 그런 방향으로 시정은 꾸려온 것은 다행한 일이다.

사람 중심의 도시를 만들기 위해 '20년 뒤 수원시의 모습'을 시민들이 직접 제안하는 방식으로 참여해 구체적 실행 방안까지 마련하게 되었다. 이렇게 시민들이 참여해 결정한 미래 비전은 '사람과 자연이 행복한 휴먼시티 수원'이다.

사람과 환경의 가치를 실현하는 도시, 역사문화관광과 첨단산업이 상생하는 도시, 거버넌스를 통한 균형 발전이라는 시의 3대 목표와 세부 전략, 세부 실천 계획도 시민 스스로 결정했다.

시민들이 원하는 수원의 도시 모습은 향후 미래 세대에게 물려
줄 수 있는 지속가능한 사회를 만드는 것이다. 이를 위해 시민과
전문가 및 행정이 함께 머리를 맞대고 대안을 만들어가는 거버넌
스 도시를 지향해야 한다.

8.
미래의 도시계획,
팽창보다는
압축

저성장과 고령화의 메가트렌드

해마다 경제의 고도성장을 이루는 가운데 높은 출산율로 인구
의 급팽창을 우려하여 산아제한 정책까지 폈던 우리 사회를, 경제
의 저성장과 초저출산에 따른 고령화라는 메가트렌드가 뒤덮은
지 오래되었다. 불과 한 세대 만에 닥친 급반전이다.

저성장의 흐름은 전국의 모든 도시에 영향을 미치지만, 특히 지
방 중소도시에는 불리하게 작용한다. 불안감에서 비롯한 '효율성
추구' 때문이다. 경제 성장률을 높이기 위해 한정된 자원을 가장

효율이 높은 데에 집중하는 것이 바로 효율성을 추구하는 것이다.

선택과 집중의 효율성 추구는 국토 공간 사용에도 그대로 적용되고 있다. 공간적으로 효율성을 높이는 가장 확실한 선택은 '성장 가능성이 더 큰 지역'에 투자하는 것이다. 실제로 수도권을 비롯한 대도시의 그런 지역을 중심으로 투자가 집중되었다.

그래서 대도시는 그럭저럭 버티고 있고 형편도 나은 편이지만, 지방의 중소도시는 경기 침체와 함께 쇠락의 끝이 보이지 않는다.

도시 간 일자리의 재편도 비용 대비 효율을 극대화하는 쪽으로 이루어진다. 인력을 줄여야 하는 상황이 되면 경영자들은 대도시보다는 중소도시의 일자리부터 먼저 줄였다. 중소도시는 인력 수급이 어렵고 유관 산업도 많지 않은 탓이다. 이렇듯 저성장의 파도는 지방의 중소도시부터 덮친다.

도시를 압축하는 것만이 사는 길

우리 사회는 초저출산에 따라 이미 인구 절벽의 상황에 빠졌다. 그에 따라 인구의 급속한 고령화와 함께 지방 소멸이라는 재앙적 문제에 직면하게 되었다. 이대로 가면 촌락은 물론이고 거의 모든 중소도시의 소멸이 머지않았다니 도시 소멸이라고 해도 무방하겠다.

그래서 이제 사람들은 쇠락하는 도시를 '살릴' 방안보다는 쇠락의 충격을 '최소화할' 방안을 더 고민하게 되었다. 좀 더 현실적으로 접근하자는 전략이다.

이 전략의 핵심은 이제 도시를 '성장'시키는 대신 '압축'하는 쪽으로 방향을 바꾸어야 한다는 것이다. 외곽으로 무분별하게 팽창하려는 프레임에서 벗어나 기존의 도심 안에서 고도로 압축하는 방식을 취해야 한다는 것이다. 거주와 상업 시설의 기능을 혼합하고 밀도를 높이는 방안을 말한다. 그러면 대중교통의 효율성이 높아지고, 통행 거리가 짧아지며, 에너지 소비량도 감소한다.

도시를 압축적으로 활용하는 전략에는 고밀도 개발, 복합적 토지 이용, 대중교통의 활성화라는 3가지 핵심 내용이 포함된다.

그런데 왜 쇠락하는 중소도시에 이런 압축 전략이 필요할까?

중소도시의 기존 도심조차도 밀집도가 크게 떨어지고 있기 때문이다. 그런데 자꾸 외곽으로 더 퍼지면 한정된 도시의 자원으로는 그 넓은 지역을 모두 커버할 수 없게 된다. 도시 전체의 삶의 질이 떨어질 수밖에 없다. 도심에서 멀리 떨어진 겨우 몇 가구가 사는 마을에도 전기와 가스를 공급해야 하고 상하수도 시설을 해야 한다. 또 보조금을 지급하고서라도 버스를 운행해야 한다. 인구가 밀집되어 있으면 한 군데만 필요한 마을회관 같은 복지시설도, 그 인구가 열 군데로 흩어져 있으니 열 군데나 지어야 한다.

요즘은 마을기업을 통해 지역의 일자리 문제 해소를 모색하는 사례가 늘고 있는데, 마을이 작은 단위로 띄엄띄엄 흩어져 있으면 마을기업을 운영하기도 어려워진다.

"뭉치면 살고 흩어지면 죽는다."

이제는 전쟁에서만 쓰는 말이 아니게 되었다. 쇠락하고 있는, 또는 쇠락의 염려를 안은 도시에 필요한 격언이 되었다.

공부유감

이창순 지음
252쪽 | 14,000원

핫팁

노경한 지음
298쪽 | 14,000원

놓치기 아까운
젊은날의 책들

최보기 지음
248쪽 | 13,000원

뚜띠쿠치나에서 인문학을
만나다

이현미 지음
216쪽 | 14,000원

걷다 느끼다 쓰다

이해사 지음
364쪽 | 15,000원

독서향기

다이애나 홍 지음
248쪽 | 12,000원

베스트셀러
절대로 읽지 마라

김욱 지음
288쪽 | 13,500원

책속의 향기가
운명을 바꾼다

다이애나 홍 지음
257쪽 | 12,000원

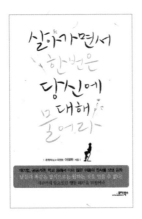

살아가면서 한번은
당신에 대해 물어라

이철휘 지음
252쪽 | 14,000원

1등이 아니라 1호가
되라 (양장)

이내화 지음
272쪽 | 15,000원

감사, 감사의 습관이
기적을 만든다

정상교 지음
242쪽 | 13,000원

아바타 수입

김종규 지음
224쪽 | 12,500원

직장 생활이 달라졌어요

정정우 지음
256쪽 | 15,000원

4차 산업혁명의 패러다임

장성철 지음
248쪽 | 15,000원

리더의 격 (양장)

김종수 지음
244쪽 | 15,000원

숫자에 속지마

황인환 지음
352쪽 | 15,000원

공복과 절식

양우원 지음
267쪽 | 14,000원

내 몸이 아픈 이유는 무엇일까

임청우 지음
272쪽 | 14,000원

프로폴리스 면역혁명

김희성 · 정년기 지음
240쪽 | 14,000원

질병은 치료할 수 있다

구본홍 지음
240쪽 | 12,000원

암에 걸려도 살 수 있다

조기용 지음
247쪽 | 15,000원

암에 걸린 지금이 행복합니다

곽희정 · 이형복 지음
246쪽 | 15,000원

정력의 재발견

양우원 지음
264쪽 | 14,500원

노니 건강법

정용준 지음
156쪽 | 12,000원

당신이 생각한 마음까지도 담아 내겠습니다!!

책은 특별한 사람만이 쓰고 만들어 내는 것이 아닙니다.
원하는 책은 기획에서 원고 작성, 편집은 물론,
표지 디자인까지 전문가의 손길을 거쳐
완벽하게 만들어 드립니다.
마음 가득 책 한 권 만드는 일이 꿈이었다면
그 꿈에 과감히 도전하십시오!

업무에 필요한 성공적인 비즈니스뿐만 아니라 성공적인 사업을 하기 위한
자기계발, 동기부여, 자서전적인 책까지도 함께 기획하여 만들어 드립니다.
함께 길을 만들어 성공적인 삶을 한 걸음 앞당기십시오!

도서출판 모아북스에서는 책 만드는 일에 대한 고민을 해결해 드립니다!

모아북스에서 책을 만들면 아주 좋은 점이란?

1. 전국 서점과 인터넷 서점을 동시에 직거래하기 때문에 책이 출간되자마자 온라인, 오프라인 상에 책이 동시에 배포되며 수십 년 노하우를 지닌 전문적인 영업마케팅 담당자에 의해 판매부수가 늘고 책이 판매되는 만큼의 저자에게 인세를 지급해 드립니다.

2. 책을 만드는 전문 출판사로 한 권의 책을 만들어도 부끄럽지 않게 최선을 다하며 전국 서점에 베스트셀러, 스테디셀러로 꾸준히 자리하는 책이 많은 출판사로 널리 알려져 있으며, 분야별 전문적인 시스템을 갖추고 있기 때문에 원하는 시간에 원하는 책을 한 치의 오차 없이 만들어 드립니다.

기업홍보용 도서, 개인회고록, 자서전, 정치에세이, 경제 · 경영 · 인문 · 건강도서

모아북스
MOABOOKS   문의 0505-627-9784

김주형의 인생경영

1판 2쇄 인쇄	2022년 02월 22일
1쇄 발행	2022년 02월 28일

지은이	김주형
발행인	이용길
발행처	**모아북스** MOABOOKS

관리	양성인
디자인	장원석(본문 편집)

출판등록번호	제10-1857호
등록일자	1999.11.15
등록된 곳	경기도 고양시 일산동구 호수로(백석동)358-25 동문타워 2차 519호
대표전화	0505-627-9784
팩스	031-902-5236
홈페이지	http://www.moabooks.com
이메일	moabooks@hanmail.net
ISBN	979-11-5849-167-3 03340